Table des matières

D1312390

INTRODUCTION

L'année qui vient de s'écouler a marqué un tournant dans l'histoire du ministère de la Défense nationale et des Forces canadiennes. En novembre 1993, le Premier ministre a annoncé la tenue d'un examen complet de la politique de défense du Canada, afin de tenir compte de la transformation profonde des rapports internationaux et de l'importance des réalités économiques dans notre pays. En février 1994, un comité mixte spécial du Sénat et de la Chambre des communes a été formé pour consulter la population canadienne sur tous les aspects de la question. Fidèle à son engagement, le gouvernement expose sa nouvelle politique de défense dans le présent Livre blanc.

Les membres du Comité mixte spécial sur la politique de défense du Canada ont parcouru le pays pour recueillir les opinions de nos concitoyens, de spécialistes de la défense, de partisans du désarmement ainsi que de représentants d'organisations non gouvernementales. Ils ont cherché conseil auprès de nos alliés et constaté par eux-mêmes l'œuvre qu'accomplissent nos forces au Canada comme à l'étranger, dans le cadre de NORAD et de l'OTAN, et en matière de maintien de la paix et de secours humanitaires.

Par-delà les travaux du Comité, le gouvernement s'est efforcé d'associer le Parlement à l'élaboration de la politique de défense. Au cours des douze derniers mois, le Parlement a tenu des débats spéciaux sur le maintien de la paix et les essais de missiles de croisière, veillant ainsi à ce que nos décisions tiennent réellement compte des préoccupations des Canadiens de toutes allégeances politiques.

En qualité de ministre de la Défense nationale, j'ai mené mon propre examen de la politique de défense et, pour ce faire, consulté divers groupes intéressés, pris la parole en de nombreuses occasions, accordé de multiples entrevues, et répondu aux innombrables questions de citoyens désireux d'exprimer leur avis sur les questions de défense.

J'ai coprésidé un forum national sur les relations internationales du Canada en compagnie de mes collègues, les ministres des Affaires étrangères et du Commerce international. Ensemble, nous avons élaboré un processus qui a permis d'harmoniser les examens de la politique étrangère et de la politique de défense. J'ai suivi de près les travaux du Comité mixte spécial chargé de l'examen de la politique étrangère du Canada, dont les recommandations ont soigneusement été considérées dans la préparation du présent Livre blanc. Le Premier ministre, mon collègue des Affaires étrangères et moi-même avons, par ailleurs, eu l'occasion d'échanger nos points de vue avec nos partenaires de l'OTAN lors de rencontres bilatérales et lors de réunions des dirigeants politiques de l'Alliance.

Au sein même du ministère de la Défense nationale, j'ai pris conseil auprès de mes collaborateurs civils et militaires. Certains hauts représentants du Ministère et des forces armées ont comparu devant le Comité mixte spécial. En outre, d'une extrémité à l'autre du pays, les bases et stations des Forces canadiennes ont organisé des journées portes ouvertes pour faciliter la participation de la collectivité et l'informer de l'existence d'un examen de la politique de défense.

Le rapport du Comité mixte spécial a joué un rôle essentiel dans la formulation de la nouvelle politique de défense du Canada. La preuve en est que la quasi-totalité de ses recommandations sont reprises dans le Livre blanc. Dans certains cas, au terme d'un examen plus approfondi, le gouvernement a estimé préférable une approche différente de celle que proposait le Comité, mais sans pour autant dévier du but poursuivi par celui-ci. La recommandation relative aux effectifs de la Force régulière a toutefois été jugée incompatible avec les paramètres financiers impartis au ministère de la Défense nationale. Des compressions budgétaires supérieures à celles qu'envisageait le Comité seront en effet nécessaires pour permettre au gouvernement d'atteindre les objectifs qu'il s'est fixés en matière de réduction du déficit de l'État.

La défense du Canada, de ses intérêts et de ses valeurs procède avant tout d'une préoccupation d'ordre national. L'obligation première du ministère de la Défense nationale et des Forces canadiennes consiste à protéger le pays et ses citoyens contre toute atteinte à leur sécurité. Pour les hommes et les femmes qui font profession de défendre le Canada, parfois au prix de leur vie, il s'ensuit un degré de responsabilité et de sacrifice sans égal dans la plupart des autres secteurs. Pour les Forces canadiennes, le bien commun passe avant le bien personnel. Ce dévouement répond aux idéaux de la société canadienne. De même, le fait que ces hommes et ces femmes proviennent des horizons sociaux et régionaux les plus divers atteste qu'il nous est tout à fait possible de résoudre ensemble nos problèmes. À l'heure où l'existence du pays fait l'objet de débats, les symboles nationaux revêtent plus d'importance que jamais, le rôle unificateur du Ministère et des Forces ne peut donc que contribuer à l'édification d'un pays encore plus fort, encore plus dynamique et encore plus prospère.

En dernière analyse, un pays dont on ne considère pas qu'il mérite d'être défendu ne mérite pas d'exister.

Le consensus qui s'est établi sur la voie à suivre — soit une politique efficace, réaliste et abordable, ainsi que des forces armées polyvalentes, aptes au combat et capables de veiller à la sécurité du Canada, dans notre pays comme à l'étranger — guidera les activités du Ministère et des Forces jusqu'au seuil du siècle prochain et au-delà. Nous sommes tous en droit d'être fiers d'avoir défini ensemble une politique de défense nouvelle qui répond aux besoins du Canada et qui nous permettra de respecter nos obligations, envers la nation et envers nos militaires, hommes et femmes.

L'honorable David Collenette, c.p., député
Ministre de la Défense nationale

Chapitre premier

SCÈNE INTERNATIONALE

La guerre froide est derrière nous. Le pacte de Varsovie a disparu, et l'Union soviétique n'existe plus. En quelques années à peine, il s'est produit un réalignement fondamental de l'équilibre mondial, lequel a permis des progrès considérables en matière de contrôle des armements, de règlement des conflits et de démocratisation. Nous avons toutefois aussi vu éclater de violents conflits locaux, proliférer les armes et les organismes de sécurité collective souvent multiplier en vain leurs efforts pour relever les défis de cette ère nouvelle. Si l'on évolue vers un monde plus sûr, principalement caractérisé par la quasi-disparition de la menace de guerre mondiale, un mouvement inverse s'alimente de la persistance des conflits intra-étatiques et interétatiques. Il est impossible de prédire sur quoi débouchera la période de transition actuelle. Il est clair, cependant, qu'il faut s'attendre que des poches de chaos et d'instabilité, ici et là, fassent peser un péril sur la paix et la sécurité internationales. Bref, le Canada fait face à un monde fragmenté et plein d'imprévu, où la guerre, la répression et le chaos côtoient la paix, la démocratie et une prospérité relative.

Tout au long de son histoire, le Canada a largement contribué à la défense de la liberté et de la démocratie dans le cadre de ses alliances. Il reste de son intérêt de faire sa part pour assurer la sécurité mondiale, d'autant plus que son avenir économique repose sur sa capacité de commercer librement avec d'autres pays.

PROGRÈS RÉCENTS

Relations internationales. La désintégration de l'Union soviétique a considérablement réduit la menace d'anéantissement par les armes nucléaires qui pesait sur le Canada et ses alliés depuis plus de quarante ans. La dissolution du pacte de Varsovie et l'unification de l'Allemagne ont mis un terme à la division de l'Europe en blocs hostiles. La Conférence sur la sécurité et la coopération en Europe (CSCE), forte de ses nombreux États membres et de son approche globale de la sécurité, s'est muée en un important mécanisme de défense des principes figurant dans la Charte de Paris de novembre 1990 — droits de la personne, liberté économique et règlement pacifique des conflits. Un nouveau cadre de sécurité transatlantique et paneurasien émerge peu à peu de la CSCE et de deux créations de l'OTAN, le Conseil de coopération nord-atlantique et le Partenariat pour la paix. Hormis quelques exceptions notables, la démocratie prend racine en Amérique centrale et en Amérique du Sud, ainsi qu'en certains endroits d'Asie, du Moyen-Orient et d'Afrique.

Contrôle des armements. Des progrès considérables ont été accomplis en matière d'élimination, de réduction et de contrôle de diverses catégories d'armes. Le *Traité sur les forces conventionnelles en Europe* et les accords connexes stipulent des réductions stables, prévisibles et vérifiables du matériel de guerre et du personnel militaire sur le vieux continent. Le *Traité Ciels ouverts*, le registre des armes des Nations unies et les mesures de confiance mises en place par la CSCE ont accentué la tendance à l'ouverture et à la transparence dans le domaine militaire. Les Traités sur la réduction des armements stratégiques (START I et II) et les mesures prises par l'Ukraine, le Kazakhstan et le Bélarus en vue de leur désarmement nucléaire et de la non-prolifération des armes de ce type font espérer une profonde réduction des arsenaux nucléaires stratégiques. De même, la *Convention sur les armes chimiques*, que 158 pays ont signée depuis janvier 1993, et que 16 d'entre eux ont ratifiée, prévoit la destruction de ces arsenaux. Il reste cependant beaucoup à faire pour atteindre cet objectif.

D'autres initiatives multilatérales ont été lancées pour juguler la production et la prolifération des armes de destruction massive et de leurs vecteurs. On notera parmi celles-ci :

- les efforts visant à prolonger indéfiniment, en 1995, le *Traité sur la non-prolifération des armes nucléaires* et à conclure un *Traité d'interdiction complète des essais*;

- l'affermissement des garanties de l'Agence internationale de l'énergie atomique;

- les travaux d'établissement d'un régime de vérification pour la *Convention de 1972 sur les armes biologiques et à toxines*;

- l'ouverture possible à condition que l'on s'accorde sur un mandat de négociations sur un accord de renonciation aux matières fissiles; et

- l'expansion et le renforcement du Régime de contrôle de la technologie relative aux missiles.

Ces initiatives de contrôle des armements constituent un programme ambitieux qui donnera matière à des négociations soutenues et complexes au cours des années à venir.

Règlement des conflits régionaux. Malgré la fréquence des accès de violence de par le monde, des progrès ont été réalisés dans le règlement de plusieurs contentieux régionaux de longue date. Le processus de réconciliation au Salvador a abouti à la tenue d'élections générales en 1994, reflétant ainsi la tendance à la démocratisation et le retour à l'autorité de la loi dans une bonne partie de l'Amérique latine. Cette année, des élections générales ont eu lieu en Afrique du Sud, marquant la fin de l'apartheid et de la domination de la minorité blanche. En outre, des progrès ont été accomplis dans le processus de paix au Moyen-Orient, avec l'accès à l'autonomie des Palestiniens de Gaza et de Jéricho, le traité de paix israélo-jordanien et les signes avant-coureurs d'un accord de paix possible entre Israël et la Syrie.

SUJETS DE PRÉOCCUPATIONS

Phénomènes généraux

Chaque année, 90 millions d'humains s'ajoutent à la population mondiale. Celle-ci atteindra bientôt 6 milliards d'habitants. Les projections varient, mais la plupart des observateurs s'accordent à penser qu'il existera entre 8 et 12 milliards d'habitants dans le monde en l'an 2050. Pour que les générations futures puissent bénéficier des mêmes chances que la présente, il faudra multiplier plusieurs fois la production agricole et énergétique. Les ressources politiques et financières mondiales seront l'objet d'énormes pressions, et l'environnement et les ressources naturelles mis à rude épreuve.

Les opérations de maintien de la paix et de secours humanitaires de l'ONU sont d'une importance cruciale lorsqu'il s'agit de faire face aux conséquences immédiates des pressions démographiques et de la raréfaction des ressources à l'échelle mondiale, que ces conséquences soient directes ou indirectes. C'est pourquoi il est de plus en plus souvent fait appel aux forces armées pour assurer la protection des réfugiés, la livraison de denrées alimentaires et de fournitures médicales, ainsi que la prestation de services essentiels dans les pays où la société civile s'est effondrée.

Parallèlement, la complexité des missions de maintien de la paix dans les années quatre-vingt-dix, leurs coûts croissants et les risques qu'elles entraînent, les difficultés financières auxquelles se trouvent confrontées les Nations unies, et la diminution des budgets de défense dans la plupart des pays industrialisés signifient que la communauté internationale ne peut songer à intervenir chaque fois que la situation atteint le point de rupture. De toute évidence, il est d'ores et déjà très difficile, à l'échelle mondiale, d'affronter les séquelles de la surpopulation, de la dégradation de l'environnement et de l'épuisement des ressources. Tout porte à penser que ce ne sera guère plus facile à l'avenir.

Réfugiés. La dernière décennie a été témoin d'un accroissement exponentiel du nombre de réfugiés. Selon l'ONU, quelque 20 millions de personnes dans le monde ont dû fuir leur patrie du fait de la guerre, de la famine, des privations et de querelles qui souvent ont pris d'effroyables proportions entre ethnies, clans, tribus et entre gens de religions différentes. Il existe aussi un nombre égal de personnes déplacées à l'intérieur de leur propre pays. Une fois déracinées, ces populations risquent de provoquer d'autres troubles dans les régions d'accueil. En effet, les gouvernements hôtes voient souvent en elles des facteurs d'agitation, voire des éléments subversifs, surtout si leur présence vient troubler un équilibre démographique jugé favorable par ceux au milieu desquels elles s'installent. L'arrivée massive de personnes déplacées représente un lourd fardeau pour les infrastructures, les ressources et l'environnement, et engendre le ressentiment des populations locales.

«États-faillite». L'effondrement de l'autorité publique dans certains États représente une autre source d'instabilité. C'est une situation que caractérisent le chaos, la violence et l'incapacité des

dirigeants politiques à assurer ne serait-ce que les services essentiels à la population. Depuis quelques années, ce phénomène ne se limite pas à une seule et unique région du monde, ni même à des pays où le niveau de vie est particulièrement bas. Des cas aussi divers que ceux de la Somalie, de l'ex-Yougoslavie, du Rwanda et de l'Afghanistan illustrent bien l'ampleur du problème. La communauté internationale continue de déployer des efforts considérables pour y remédier, mais il n'est pas facile de venir à bout des obstacles engendrés par les pénuries et la guerre.

Recrudescence de haines anciennes

Les guerres civiles qui ont éclaté dans les Balkans et dans certaines régions de l'ex-Union soviétique après la chute du communisme, alimentées qu'elles sont par l'extrémisme ethnique, religieux et politique, comptent parmi les facteurs de risque les plus immédiats pour la sécurité mondiale. Ces dernières années, des groupes rivaux se sont affrontés dans plusieurs de ces États. Ailleurs, notamment en Afrique et en Asie, la puissance des groupes fondamentalistes augmente sensiblement, tandis que se poursuivent les guerres civiles et que se multiplient les manifestations de violence.

Ni les initiatives diplomatiques ni les interventions régionales ou multilatérales n'ont eu beaucoup d'effet sur bon nombre de ces conflits. Faire respecter le cessez-le-feu en pleine guerre civile est une tâche d'autant plus difficile qu'il n'existe pas de véritable front, que l'indiscipline règne chez les belligérants, que les populations civiles sont sujettes à d'atroces privations et aux exactions et, surtout, que les combattants n'ont aucun scrupule à violer les trêves.

La violence dans l'ex-Yougoslavie souligne de manière frappante le danger des tentatives de certains groupes nationaux de modifier le tracé des frontières afin de créer des États ethniquement homogènes. La guerre civile en Bosnie est peut-être le présage d'autres conflits semblables sur le continent eurasien. En bien des endroits, en effet, les minorités vivent mêlées les unes aux autres, sans ligne de démarcation entre elles. Des revendications territoriales concurrentes ne pourraient qu'y accroître les tensions et provoquer des hostilités. L'odieuse pratique de la «purification ethnique», horrible euphémisme, ne couvre rien d'autre que des expulsions et des massacres visant à épurer une région au plan ethnique ou religieux. Les frontières nouvelles qu'elle vise à instaurer sont des plus instables, car les déracinés n'ont souvent pour toute préoccupation que de reconquérir leur territoire, généralement par la violence.

Si terribles que soient les conséquences pour les populations victimes de guerres civiles, l'actuelle absence de rivalité entre les grandes puissances porte à croire que ces conflits sont moins susceptibles de s'étendre. Le Canada ne peut néanmoins éviter d'en subir les conséquences, qu'il s'agisse de l'afflux de réfugiés, d'entraves au commerce ou d'atteintes à d'importants principes, tels que la primauté du droit, le respect des droits de la personne et le règlement pacifique des conflits. Même si les intérêts du Canada ne sont pas directement mis en cause, les valeurs de la société canadienne étant ce qu'elles sont, les Canadiens attendent de leur gouvernement qu'il réagisse à la violence et la souffrance, voire aux génocides, dont ils sont instantanément témoins dans plusieurs régions du monde grâce aux techniques de communications modernes. Le Canada a donc fortement intérêt à ce que la paix et la stabilité règnent à l'échelle du globe.

Prolifération

Aux grandes questions qui se posent dans les années 1990 en matière de sécurité, est venu s'ajouter récemment le problème de la prolifération des technologies d'armement perfectionnées dans des zones de conflit possible. Qu'il s'agisse d'armements sophistiqués achetés à l'étranger ou produits localement, leur introduction dans des régions où la situation est explosive nuit à la stabilité, présente une menace pour les États voisins, voue à l'échec les initiatives de contrôle des armements et complique les plans et les opérations militaires. Le Canada et ses alliés de la coalition onusienne en ont fait l'expérience pendant la guerre du Golfe.

Il faudra près d'une décennie pour mettre intégralement en œuvre les Traités sur la réduction des armements stratégiques. La dénucléarisation se révèle être un processus astreignant, qui exige l'entreposage et le démantèlement des ogives, l'enlèvement, le stockage ou l'élimination des substances dangereuses, ainsi que la destruction des silos. Par ailleurs, bien que le Bélarus, le Kazakhstan et l'Ukraine s'emploient tous à mettre en œuvre leurs accords régissant le renvoi des armes nucléaires en Russie, le regroupement de celles-ci est loin d'être terminé. Pendant près d'un demi-siècle, la Russie a su contrôler ses stocks nucléaires, mais l'abondance même de ces derniers (quelque 25 000 charges nucléaires de toutes sortes dispersées en plus de 100 points) multiplie les risques de vol ou de disparitions inexpliquées. Il n'est que plus indispensable que l'entreposage de ces armements et des matières fissiles que produit leur démantèlement, soit assujetti aux mesures de protection et de contrôle les plus strictes.

Le commerce des armes continue de bien se porter, même si le marché mondial a rétréci. Il existe, à l'échelle internationale, une importante surcapacité de production dans le domaine militaire, malgré les mesures visant à convertir les industries de défense. Certains États n'ont pas instauré les mécanismes législatifs ou administratifs nécessaires au contrôle des exportations d'armes. De surcroît, pour beaucoup, les ventes d'armes constituent l'une des rares sources fiables de devises fortes. Et souvent, l'incitation à vendre l'emporte sur les scrupules concernant la stabilité régionale ou internationale. Cette situation a pour conséquence, entre autres, de favoriser grandement le commerce des armes légères, notamment des armes automatiques individuelles, des grenades et des mines. Il s'ensuit que dans 62 pays, hommes, femmes et enfants vivent quotidiennement dans la crainte d'être tués ou mutilés par quelque 85 millions de mines enfouies au hasard. D'autre part, il se peut que des scientifiques et des techniciens sans emploi ou sous-employés, qui travaillaient auparavant à la production de systèmes perfectionnés, émigrent vers des pays qui possèdent des programmes clandestins de fabrication d'armes. Déjà, des organisations criminelles s'intéressent au commerce fort lucratif des armes sophistiquées et des matières sensibles.

Le transfert d'armes de destruction massive et de technologies liées aux missiles balistiques à des régimes «parias» est particulièrement inquiétant. Ces transactions s'effectuent, bien que plus difficilement et plus lentement, en dépit des mesures de contrôle des exportations visant les matières et le matériel, mises en place par des pays comme le Canada. Ainsi, la communauté internationale n'a guère d'autre moyen que de les condamner ou de les sanctionner après coup. De même, du fait de l'abondance croissante des technologies à double usage, civil et militaire, ainsi que de la mondialisation de la production et de la commercialisation des systèmes d'armes, il est de plus en plus difficile de prévenir ou de contrôler la prolifération. Par ailleurs, ces phénomènes rendent fort probablement irréversibles les transferts de ressources, de compétences ou de technologie.

Difficultés d'élaboration des politiques

Un climat de grande incertitude règne également dans les États industrialisés. Il s'ensuit qu'ils éprouvent beaucoup de difficulté à relever les défis que pose la sécurité à l'échelle mondiale. Les économies de nombreux pays occidentaux se caractérisent encore par un chômage relativement élevé, des devises instables et de lourdes dettes nationales. Ainsi, la tendance à la mondialisation, qu'illustre l'issue des négociations de l'Uruguay Round du GATT (*Accord général sur les tarifs et le commerce*), contraste avec la croissance des préoccupations d'ordre interne. Leurs ressources étant plus limitées, les États n'ont guère les moyens de répondre aux exigences de la société postindustrielle, qu'il s'agisse de remise en état d'infrastructures décrépites, de protection de l'environnement ou de développement durable, des besoins d'une population vieillissante, de formation professionnelle ou de réforme des programmes sociaux — à plus forte raison des priorités militaires de diverses régions éloignées. De fait, c'est autant en réponse aux profonds changements qui se sont produits sur la scène mondiale qu'à la nécessité de comprimer l'ensemble des dépenses gouvernementales que le Canada et la plupart des autres membres de l'OTAN ont réduit leurs budgets militaires.

Même dans les circonstances les plus favorables, il est difficile de prédire les tendances internationales. Étant donné le caractère incertain de la situation mondiale actuelle, il est impossible de prévoir avec quelque certitude que ce soit la façon dont elle évoluera dans les années à venir. La menace d'une guerre à l'échelle du globe s'est incontestablement beaucoup estompée et les dangers immédiats paraissent moins grands aujourd'hui, pour le Canada tout au moins. Pourtant le monde dans lequel nous vivons n'est ni plus paisible ni plus stable. Certes, on aurait tort de mettre l'accent uniquement sur les cas extrêmes de désordre dans certaines régions, et d'occulter les réels progrès qui s'accomplissent ailleurs. Il semble toutefois prudent, compte tenu des derniers événements, de s'attendre que le monde se caractérise à long terme par l'instabilité. La politique de défense du Canada se doit de refléter cette situation telle qu'elle est et non telle que nous voudrions qu'elle soit. Dans ces conditions, il convient pour le Canada de se doter d'une politique de défense souple, réaliste et adaptée à ses moyens, qui permette d'avoir recours à la force militaire lorsque les Canadiens le jugent nécessaire pour faire respecter leurs valeurs essentielles et leurs intérêts fondamentaux en matière de sécurité, dans notre pays comme à l'étranger.

Chapitre 2

CONSIDÉRATIONS NATIONALES

La politique de défense doit tenir compte autant de l'incertitude et de l'instabilité qui règnent dans le monde que des défis devant lesquels se trouve notre pays. En élaborant la nouvelle politique de défense, le gouvernement s'est donc constamment attaché à laisser jouer les grandes influences nationales, et tout particulièrement la question budgétaire.

Le programme global de renouveau politique, social et économique du gouvernement est axé sur la préservation des valeurs qui font du Canada l'un des pays les plus favorisés du monde. Aujourd'hui, toutefois, notre prospérité — et, par le fait même, notre qualité de vie — se trouve menacée par l'accroissement constant de la dette du secteur public.

Au total, la dette fédérale et provinciale s'élève actuellement à quelque 750 milliards de dollars. En 1994-1995, le service de la dette du gouvernement fédéral, à lui seul, se chiffrera à 44 milliards de dollars, c'est-à-dire plus que le déficit budgétaire de 39,7 milliards de dollars et environ 27 p. 100 du budget fédéral dans son ensemble.

Ce problème restreint la latitude dont dispose le gouvernement pour répondre aux besoins des Canadiens et, à tous les niveaux, limite la capacité des administrations de dispenser les services essentiels. Soucieux de porter remède à cette situation et d'éviter une crise de confiance dans l'économie canadienne, le gouvernement fédéral a effectué d'importantes compressions de ses dépenses. Dans la Mise à jour de la situation économique et financière publiée en octobre 1994, il a réitéré, en termes qui ne laissent nulle place à l'équivoque, sa ferme intention de relever le défi que pose la réduction du déficit et de la dette.

Ces dernières années, la nécessité de contrôler le déficit a entraîné une baisse considérable des dépenses fédérales dans la plupart des secteurs, y compris la défense. Comme le montre le graphique ci-après, les projections du budget fédéral de 1994 pour la défense en l'an 2000 correspondent, en chiffres réels, à moins de 60 p.100 de ce qui avait été prévu dans le Livre blanc de 1987.

Dans un contexte de restrictions budgétaires, le gouvernement se doit de poursuivre l'effort de compression de toutes ses dépenses, y compris celles de la défense. C'est là une réalité fondamentale dont le rapport final du Comité parlementaire mixte spécial sur la politique de défense tient compte. Il recommande un financement relativement stable pour la défense, pendant un certain temps, mais sur une base inférieure à celle du budget de 1994. En dépit du fait que le ministère de la Défense nationale et les Forces canadiennes ont déjà largement contribué à l'effort national de réduction du déficit, le gouvernement estime que des réductions supplémentaires sont à la fois nécessaires et possibles. Le prochain budget fournira toutes précisions à ce sujet.

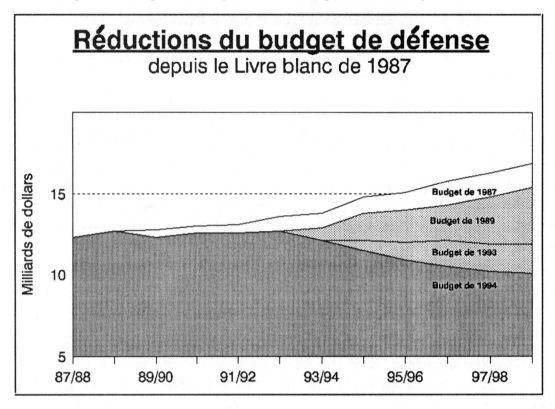

Le Ministère et les Forces canadiennes ont absorbé de diverses façons les réductions antérieures. Les engagements relatifs à la défense du Canada ont été révisés. Les effectifs, les budgets de fonctionnement et d'entretien, et l'infrastructure de défense ont été réduits. Un nombre important de programmes d'équipement ont été annulés ou retardés. Par suite des nouvelles compressions budgétaires qui forment la toile de fond du présent document, d'autres réductions seront effectuées, d'autres annulations suivront, et d'autres délais seront reportés. Il s'ensuivra que le ministère de la Défense nationale et les Forces canadiennes diminueront leurs activités dans certains domaines. Ils s'emploieront tous deux parallèlement à remanier le programme de défense et à accroître leur efficacité, afin de mettre en œuvre les divers éléments de la politique énoncée dans le présent Livre blanc.

Bien que les considérations financières soient un facteur déterminant dans la formulation d'une politique de défense appropriée et réaliste, le Ministère et les Forces canadiennes doivent en outre prendre en compte diverses autres réalités nationales. Les Canadiens souhaitent un renouveau de la manière de gouverner. Ils veulent un gouvernement qui ose diriger face à une situation politique, financière, économique et sociale exigeante. Ils tiennent à ce que leurs gouvernants utilisent efficacement l'argent des contribuables. Le secteur privé a été forcé de rationaliser ses opérations en raison de la conjoncture économique, et le gouvernement doit en faire autant. Aux yeux des Canadiens, le gouvernement se doit d'innover et d'élaborer des méthodes efficaces pour relever les défis actuels et à venir. Au surplus, le processus décisionnel et les décisions gouvernementales, elles-mêmes, doivent obéir à une éthique morale. Les Canadiens exigent un système de gouvernement transparent et dans lequel ils seront associés à la prise de décisions importantes.

Tous les ministères doivent tenir compte non seulement de ces attentes fondamentales, mais aussi d'un certain nombre d'autres besoins très actuels, parmi lesquels la nécessité de développer le sens de l'appartenance nationale, de promouvoir la croissance industrielle et la compétitivité internationale, de protéger l'environnement, de former les jeunes ainsi que tous ceux que touche la restructuration économique, et de veiller à ce que l'appareil de l'État reflète convenablement la nouvelle composition de la population active et l'évolution démographique de la société dans son ensemble. Si le ministère de la Défense nationale et les Forces canadiennes ont sans conteste une vocation unique en son genre, il n'en faut pas moins que la politique de défense énoncée dans le présent Livre blanc intègre ces considérations.

Chapitre 3

DES FORCES APTES AU COMBAT

Le Canada ne peut se passer du potentiel de combat maritime, terrestre et aérien qu'offrent des forces armées modernes. Certes, aucune menace militaire directe et immédiate ne pèse pour l'instant sur lui, et les conflits d'aujourd'hui se déroulent loin de nos côtes. Il ne nous en faut pas moins, par prudence, conserver des forces suffisantes pour garantir notre souveraineté en temps de paix et nous permettre de produire des forces aptes à contribuer à la défense de notre pays, si besoin était. Hormis ces impératifs nationaux, le Canada risquerait fort de perdre en respect et en influence à l'étranger s'il cessait de participer de manière significative à la défense de l'Amérique du Nord, de ses alliés européens et des nations victimes de l'agression, ailleurs dans le monde.

Au demeurant, l'engagement du Canada à rester partie prenante aux efforts de la collectivité internationale en vue de promouvoir la sécurité et la défense collectives, reflète les valeurs et les intérêts de notre pays. En effet :

- les Canadiens considèrent que les relations interétatiques doivent être régies par l'autorité de la loi;

- ils considèrent leur propre sécurité comme indissociable de celle de leurs alliés; et

- ils ont un sens aigu de la responsabilité qui leur incombe de contribuer à apaiser les souffrances humaines là où leur action peut avoir des résultats concrets.

Ce sont là, en fait, les fondements mêmes de l'engagement du Canada en matière de sécurité collective. Le passé en a démontré la valeur et il n'y a aucune raison de croire que celle-ci ait diminué dans le contexte mondial actuel, où domine de plus en plus l'interdépendance.

La sécurité collective et l'évolution du maintien de la paix. Pour pouvoir réellement contribuer à la sécurité collective, il faut commencer par reconnaître que la nature des activités multilatérales de maintien de la paix et de la stabilité a radicalement changé. En effet, ces missions ne sont plus seulement de simples opérations d'interposition et de contrôle. Elles ont à présent des buts beaucoup plus ambitieux et présentent bien davantage de défis et de risques pour notre personnel. Certes, les objectifs traditionnels du Canada, soit la prévention et la suppression des agressions, le règlement pacifique des conflits et l'assistance aux populations civiles demeurent; mais le contexte, lui, a changé. Pour que les Forces canadiennes puissent jouer un rôle au niveau de la sécurité collective, il faut donc qu'elles disposent des moyens d'une véritable force de combat.

La défense collective. La transformation profonde de notre contexte stratégique se traduira par une évolution de la signification des rapports que nous entretenons avec nos alliés européens et américains. Ce serait toutefois faire erreur que de disputer la valeur de ces liens. D'un point de vue canadien, la défense collective demeure, en effet, absolument essentielle à notre sécurité.

- D'abord, nos alliés sont des nations avec lesquelles nous partageons des valeurs politiques, des intérêts et des traditions qu'il nous importe de défendre et de promouvoir.

- Ensuite, les avantages pratiques de la défense collective sont de précieux atouts en cas d'actions internationales visant à promouvoir la sécurité collective, qu'il s'agisse de normalisation des équipements et des procédures, ou d'expérience des opérations interalliées.

- Enfin, si le Canada ou ses alliés se trouvaient jamais confrontés à une menace militaire sérieuse, il est certain que nous voudrions faire jouer des accords de défense collective pour assurer notre sécurité. Or, il est important que de tels accords subsistent en temps de paix, puisqu'il serait très difficile de les rétablir en temps de crise.

Gérer la gamme complète des conflits. Au cours des quatre-vingts dernières années, plus de 100 000 Canadiens sont tombés aux côtés de leurs alliés au cours de combats pour la défense de valeurs communes. Abandonner aujourd'hui à d'autres ce rôle de combattant, reviendrait à renoncer à défendre les grands principes qui doivent régir le comportement des États. En somme, opter pour des forces de quasi-gendarmerie (ni équipées, ni formées pour être vraiment utiles au combat) donnerait une très claire indication de la chaleur de notre engagement vis-à-vis de nos alliés et de nos valeurs; en trahissant notre réputation nous compromettrions notre avenir. Qui plus est, nous ne pouvons pas espérer exercer au sein des instances garantes de la sécurité mondiale et régionale une influence disproportionnée par rapport à notre effort de défense. Force nous est donc d'investir dans notre défense si nous entendons jouer un rôle quelconque dans la création d'un avenir commun.

Le gouvernement a conclu qu'il y va de l'intérêt national de maintenir des forces polyvalentes et aptes au combat. Ce n'est qu'à condition de disposer de telles forces, que notre pays pourra faire preuve de la souplesse et de la latitude nécessaires pour défendre ses intérêts et projeter ses valeurs à l'étranger. En outre, ces capacités de combat essentielles sont d'une importance capitale lorsqu'il s'agit de produire, au besoin, des forces plus nombreuses. Le gouvernement considère donc que, tant du point de vue de la promotion de nos valeurs que de la protection de nos intérêts, de l'offre de garanties contre l'incertitude, voire de l'optimisation du rendement des deniers publics, investir dans des forces de quasi-gendarmerie ne se justifie guère.

En la circonstance, le défi consiste à élaborer, dans les limites de nos ressources, un programme de défense qui produise des forces armées compétentes. Vu les dimensions et les moyens du Canada, il ne saurait et ne devrait être question de couvrir toute la gamme des activités militaires imaginables. Néanmoins, il faut absolument que les Forces canadiennes soient en mesure de contribuer réellement à un large éventail d'objectifs nationaux et internationaux.

Souplesse, capacités et choix. S'il est indispensable que subsistent savoir-faire et capacités de combat spécialisés, il ne faut pas en conclure pour autant que, pour conserver des forces aptes au combat, le Canada doive posséder absolument toutes les composantes de la panoplie militaire. Ainsi, même si les Forces canadiennes ont dû se départir, au fil des ans, de plusieurs éléments spécialisés (des porte-avions aux croiseurs, en passant par les hélicoptères mi-lourds, les aéronefs de patrouille à rayon d'action moyen et les flottes distinctes de chasseurs spécialisés dans la défense aérienne ou l'attaque au sol), elles continuent de répondre aux besoins ressentis au Canada et de contribuer efficacement à la paix et à la sécurité internationales. À notre avis, la tendance à nous spécialiser en privilégiant les moyens polyvalents et essentiels ne nuit en rien à notre capacité de protéger nos intérêts ou de remplir nos obligations envers nos alliés.

Il faut au Canada des forces armées en mesure de combattre contre un ennemi puissant, côte à côte avec les forces modernes de nos alliés et des pays dont nous partageons les valeurs. Cela implique une force capable de se battre «aux côtés des meilleurs, contre les meilleurs». Pour préserver ce potentiel, nous avons dû faire des choix difficiles. Nous continuerons de mettre en parallèle les coûts et les avantages relatifs de diverses capacités, afin d'en arriver aux compromis difficiles, certes, mais cruciaux, qui doivent permettre aux Forces canadiennes de contribuer à une plus large gamme d'objectifs. Il en ressort qu'il serait malavisé d'investir dans des forces et des ressources très spécialisées, à un extrême de l'échelle comme à l'autre (dans des avions de guerre antichars, par exemple, ou des forces uniquement appropriées à des missions de maintien de la paix quasi dépourvues de risques). Ces solutions nous priveraient l'une et l'autre du potentiel et de la souplesse qu'offrent des forces polyvalentes. En fait, en période de restrictions budgétaires, le maintien de forces polyvalentes procède d'un choix pragmatique et logique, et conserve au gouvernement un maximum d'options militaires qui cadrent, du point de vue des coûts, avec les grands choix du gouvernement au plan budgétaire et de ses autres politiques.

Le gouvernement a donc décidé que les Forces canadiennes resteraient une ressource nationale susceptible de contribuer de manière significative à un large éventail d'objectifs canadiens. Les services d'analyse et de renseignement que comptent le Ministère et les Forces canadiennes garantissent, par ailleurs, au gouvernement un point de vue canadien indépendant sur les grandes tendances en matière de défense et donc les moyens de décider en connaissance de cause. De plus, l'investissement consenti pour former et équiper les Forces produira une force de combat qualifiée, dont les compétences pourront être appliquées non seulement à certaines tâches spécialisées, mais aussi à divers objectifs nationaux et internationaux.

Le maintien de forces polyvalentes et aptes au combat constitue le seul choix prudent pour le Canada. Ce n'est qu'à condition de conserver les capacités militaires essentielles à ces forces, que notre pays pourra, en toute éventualité, satisfaire ses propres besoins en matière de sécurité maintenant et à l'avenir.

Chapitre 4

PROTECTION DU CANADA

Considérées dans leur ensemble, la superficie de notre pays et sa faible densité de population présentent des défis uniques aux responsables de la planification de défense. Notre territoire couvre près de 10 millions de kilomètres carrés, soit quelque 7 p. 100 de la superficie des terres émergées. Nous sommes entourés de trois océans, qui nous donnent plus de 240 000 kilomètres de littoral, et nous sommes responsables de l'espace et des abords aériens du Canada. Enfin, au-delà de ses côtes, le Canada doit encore exercer sa souveraineté politique et sa juridiction économique sur 10 millions de kilomètres carrés dans le Pacifique, l'Atlantique et l'Arctique.

Notre géographie n'est pas seulement celle d'un pays vaste, elle est également diversifiée et extrêmement astreignante. Ses exigences sont considérables, autant vis-à-vis de notre personnel militaire, que de l'instruction et du matériel. Le territoire canadien, c'est, en effet, des montagnes, des fjords, d'immenses plaines, des forêts denses et humides, des étendues désertiques, ainsi que le milieu très particulier de l'Arctique. Notre climat est rigoureux, et nombreux sont les Canadiens qui doivent gagner leur vie dans des lieux isolés et difficiles — nos trois océans, le Grand Nord, des mines ou des forêts lointaines.

Les Canadiens chérissent leur pays, lequel est d'une grande richesse tant par la beauté de ses sites que par ses ressources naturelles. Ils ont bien fait comprendre à leurs gouvernements, les uns après les autres, qu'ils ont à coeur la protection de ces biens précieux. Ils se soucient de la qualité de l'environnement en général, aussi bien que de la gestion de ressources spécifiques, comme les bois et les pêches. Tous ces sujets sont autant de questions devenues de plus en plus pressantes ces dernières années et qui exigeront une vigilance accrue et une meilleure gestion.

Défense et souveraineté du Canada

La souveraineté est un attribut essentiel de l'État-nation. Pour le Canada, cela signifie qu'il faut que la loi canadienne soit respectée et appliquée dans les zones relevant de sa juridiction. Le gouvernement entend y veiller.

Certains de nos concitoyens estiment que les récents bouleversements survenus dans le monde ont eu pour effet d'éliminer le besoin de Forces canadiennes pour défendre le Canada. Pourtant, réduire à néant la capacité de défendre notre pays serait une grave erreur. Il faut que jamais le Canada ne se voie contraint par ses choix antérieurs d'abandonner à d'autres la responsabilité de défendre son territoire.

Aide au pouvoir civil. Tout au long de l'histoire du Canada, les provinces ont eu recours aux forces armées pour maintenir ou rétablir l'ordre lorsque les autorités civiles n'en avaient pas les moyens. L'article 275 de la *Loi sur la défense nationale* stipule que les Forces canadiennes :

> sont susceptibles d'être requises pour prêter main-forte au pouvoir civil en cas d'émeutes ou de troubles réels ou jugés imminents par un procureur général et nécessitant une telle intervention du fait de l'impuissance même des autorités civiles à les prévenir, réprimer ou maîtriser.

Le rôle des Forces canadiennes dans ce contexte est défini de façon très précise. Lorsqu'une émeute ou des troubles éclatent ou sont susceptibles d'éclater et que les autorités civiles sont incapables de les réprimer, le procureur général de la province concernée peut demander que les Forces canadiennes portent assistance au pouvoir civil. En pareil cas, c'est au Chef d'état-major de la Défense qu'il appartient de déterminer la nature de l'intervention. Il ne s'agit pas, pour les Forces canadiennes, de se substituer au pouvoir civil; elles l'aident simplement à maintenir l'ordre.

Le recours aux Forces canadiennes dans de telles situations a été relativement peu fréquent ces dernières années. La crise d'Oka, en 1990, nous a cependant rappelé que de telles situations peuvent bel et bien se produire. Les Forces ont contribué à désamorcer cette crise-là. Elles ont à cette occasion démontré qu'il est d'autant plus utile de pouvoir compter sur des militaires disciplinés, bien formés et bien menés, que cette capacité permet au gouvernement d'affronter des situations qui risquent de devenir explosives.

Les Forces canadiennes peuvent être appelées à prêter main-forte aux autorités civiles dans d'autres circonstances, et notamment face à des actes terroristes, lorsque les moyens des forces policières ne suffisent plus. Parmi les ressources dont disposent les militaires figure un groupement opérationnel interarmées capable d'intervenir de façon immédiate et efficace.

Surveillance et contrôle en temps de paix. Surveillance et contrôle font partie intégrante des activités des Forces au Canada. En effet, même si notre pays ne fait actuellement l'objet d'aucune menace militaire directe, il faut que nos forces navales, terrestres et aériennes puissent maintenir et mettre en pratique les compétences nécessaires pour exercer un contrôle efficace de notre territoire, de notre espace aérien et de nos abords maritimes. En soi, posséder les moyens d'assurer une présence partout où le Canada est souverain fait incontestablement la preuve que les Canadiens ne toléreraient pas de voir cette autorité mise en doute.

C'est à des organismes civils, comme le ministère des Transports, qu'appartient la responsabilité d'un grand nombre des activités gouvernementales de surveillance et de contrôle du territoire, de l'espace aérien et des zones maritimes du Canada. Les Forces canadiennes leur apportent cependant une aide précieuse dans l'exercice de ces fonctions exigeantes, qui nécessitent souvent une disponibilité opérationnelle plus grande et des moyens plus puissants que ceux dont ils disposent. La capacité de déployer, n'importe où dans le pays, des militaires hautement qualifiés et du matériel spécialisé, dans les plus brefs délais, nous permet aussi de satisfaire d'autres besoins nationaux et, entre autres, ceux qui touchent la protection de l'environnement, la recherche et le sauvetage, les secours aux sinistrés, la lutte contre le trafic des stupéfiants et la protection des pêches.

Protection de nos frontières contre les activités illégales. Le Canada est de plus en plus exposé aux entreprises d'individus et de groupes qui cherchent à exploiter les ressources et les vastes étendues de son territoire à des fins illégales. Ces entreprises portent en particulier sur le commerce illicite de la drogue et d'autres substances de contrebande ainsi que sur l'immigration clandestine. L'appui des Forces canadiennes aux autres organismes gouvernementaux contribue dans une large mesure à faire échec à ces activités.

Lors du renouvellement de l'Accord sur la défense aérospatiale de l'Amérique du Nord (NORAD), en 1991, par exemple, le Canada et les États-Unis sont convenus d'assigner à NORAD un rôle dans la lutte contre le trafic des stupéfiants. Bien que secondaire, cette mission, qui bénéficie aussi de l'appui de nos éléments maritimes et terrestres, permet de constater comment des structures et les ressources existantes peuvent être adaptées pour faire face à de nouveaux problèmes.

Protection des pêches. Il est clair que les Canadiens souhaitent empêcher l'effet dévastateur de l'exploitation illégale de leurs pêches. À la suite de la raréfaction d'importantes espèces de poissons, la question s'est faite encore plus pressante. Depuis plus de quarante ans, les Forces canadiennes jouent un rôle important dans la surveillance des zones de pêche; leurs avions y consacreront de nombreuses heures de vol et la flotte, bon nombre de jours de navigation. Les ministères de la Défense nationale et des Transports participent à l'heure actuelle à une vaste initiative fédérale dirigée par le ministère des Pêches et des Océans dans le cadre d'une entente, qui représente un excellent exemple de collaboration interministérielle favorisant une utilisation efficace des ressources gouvernementales.

L'une des questions les plus pressantes pour les régions de la côte atlantique concerne la pêche excessive que pratiquent certains navires étrangers sur le plateau continental du Canada, au-delà des 200 milles marins de notre zone exclusive. Ces agissements mettent en danger l'avenir de nos pêches et représentent autant d'infractions aux accords internationaux. Le gouvernement a pris les premières mesures en vue d'intervenir pour y mettre fin. Bien que la politique canadienne en la matière reste d'éviter les actions de police passé les 200 milles, à moins que cela ne soit absolument impératif pour protéger une ressource essentielle, il faut absolument que les Forces canadiennes en aient les moyens.

La collaboration interministérielle s'est nettement intensifiée par suite des recommandations du rapport Osbaldeston et du rapport de 1990 du Comité permanent de la défense nationale sur la souveraineté maritime. Des systèmes de communications protégées ont été installés, et des modes de fonctionnement normalisés ont été élaborés; de plus, les politiques d'acquisition tablent désormais sur les avantages que présentent un matériel commun et compatible.

Surveillance de l'environnement. Le gouvernement accorde une grande importance à la protection de l'environnement, et en particulier à la prévention de la pollution et à la promotion de «pratiques vertes» dans ses activités quotidiennes. Le ministère de la Défense nationale et les Forces canadiennes ont compté parmi les pionniers en la matière. L'ensemble de leurs plans et opérations (y compris les activités des forces alliées au Canada) est maintenant conçu en fonction des principes de gestion de l'environnement.

En outre, le ministère de la Défense nationale a conclu un protocole d'entente avec le ministère de l'Environnement concernant la participation des Forces canadiennes aux activités de surveillance et de nettoyage de l'environnement. Ce protocole précise la nature de l'aide que le Ministère et les Forces sont censés lui apporter advenant un grave incident écologique. Les Forces s'emploieront, par ailleurs, à signaler les problèmes réels ou potentiels qu'elles pourraient déceler dans le cadre de leurs opérations normales de surveillance.

Protection des Canadiens

Secours en cas de catastrophe. Les Forces canadiennes jouent un rôle clé lorsque se produisent des catastrophes naturelles ou imputables à des actes humains. Le ministre de la Défense nationale est aussi responsable de la protection civile. En outre, dans le cadre d'une importante initiative ayant pour but de réduire les effectifs de l'administration, la planification d'urgence autrefois assurée par un organisme distinct, relève désormais du ministère de la Défense nationale. La coordination des ressources en cas d'urgence est régie par des protocoles d'entente conclus entre ce dernier et certains autres organismes gouvernementaux, et le Ministère se tient prêt à fournir des secours immédiats et efficaces en cas de catastrophe.

Recherche et sauvetage. Le ministère de la Défense nationale et les Forces canadiennes apportent une contribution essentielle à l'organisation et aux opérations de recherche et de sauvetage au Canada. D'autres organismes fédéraux et provinciaux assurent en partie ces services. Les Forces canadiennes ont, quant à elles, pour tâche :

- la recherche et le sauvetage par voie aérienne;
- de déployer d'importants moyens en appui de la Garde côtière en cas d'opérations de recherche et de sauvetage en mer;
- d'assister les autorités locales en cas d'opérations de recherche et de sauvetage sur terre; et
- de veiller au bon fonctionnement de leurs trois centres de coordination des opérations de sauvetage où sont reçus des milliers de signaux de détresse chaque année.

La recherche et le sauvetage représentent un défi de taille pour le personnel et l'équipement des Forces canadiennes. Les distances à parcourir sont souvent énormes et les conditions d'intervention très difficiles. La sauvegarde de vies humaines demeure toutefois une priorité absolue pour les Canadiens, et les Forces canadiennes continueront à jouer un rôle de premier plan dans ce domaine.

Objectifs

Si la menace militaire directe pesant sur le territoire canadien s'est estompée, la nécessité pour les Forces canadiennes de pouvoir défendre le pays n'a pas disparu pour autant. Nous conserverons donc les capacités militaires voulues pour jouer un rôle approprié dans la défense de notre pays. Conformément à la loi, les Forces seront en outre en mesure de répondre à toute demande d'aide au pouvoir civil. Enfin, les Forces canadiennes contribueront aussi à protéger la souveraineté du Canada et à l'accomplissement d'un large éventail de missions secondaires dans le cadre de leur assistance aux autorités civiles.

Les Forces seront capables de faire face de manière efficace aux situations inattendues qui pourraient se présenter dans les eaux sous notre juridiction, dans notre espace aérien ou sur notre territoire, y compris dans l'Arctique. Elles auront plus particulièrement pour missions :

- d'exercer régulièrement leur surveillance et leur contrôle sur toute activité à l'intérieur de nos frontières, dans notre espace aérien et dans les zones maritimes du Canada;

- d'aider, de manière habituelle, les administrations compétentes à atteindre divers objectifs nationaux dans des domaines tels que la protection des pêches, la lutte contre le trafic des stupéfiants et la protection de l'environnement;

- de se tenir prêtes à participer, dans les 24 heures, à toute opération d'assistance humanitaire ou de secours en cas de catastrophe, et à prolonger cet effort aussi longtemps qu'il s'avère nécessaire;

- d'assurer des services nationaux de recherche et de sauvetage;

- d'entretenir la capacité de contribuer, au besoin, de manière immédiate et efficace à toute intervention en cas d'actes terroristes; et

- et d'intervenir en réponse aux demandes d'aide du pouvoir civil et de poursuivre ces opérations aussi longtemps que cela s'avère nécessaire.

Chapitre 5

COOPÉRATION CANADO-AMÉRICAINE EN MATIÈRE DE DÉFENSE

Les États-Unis sont l'allié le plus important du Canada. Les deux pays entretiennent des liens parmi les plus étroits, les plus complexes et les plus variés qui soient. Il n'existe nulle part ailleurs deux nations dont les échanges commerciaux soient aussi importants que ceux du Canada et des États-Unis. Le fait qu'ils ne ressentent nul besoin de disposer de défenses le long des frontières qui les séparent témoigne de la communauté de valeurs politiques, économiques, sociales et culturelles de ces démocraties industrielles avancées. La géographie et l'histoire, autant que la confiance mutuelle et les convictions les rapprochent et en font des partenaires dans la défense de l'Amérique du Nord.

Nouveaux défis pour la sécurité

La signature par le président Roosevelt et le premier ministre Mackenzie King de la Déclaration d'Ogdensburg, par laquelle les deux pays reconnaissaient le caractère indivisible de la sécurité du continent et se promettaient aide et assistance mutuelle en cas d'hostilités, remonte à 1940. La coopération canado-américaine en matière de défense a survécu à tous les défis qui se sont succédé pendant les plus de cinq décennies qui se sont écoulées.

Le cadre de sécurité de l'Amérique du Nord continue d'évoluer. La Russie conserve le gros de l'arsenal nucléaire stratégique de l'ex-Union soviétique, soit quelque 10 000 ogives à l'heure actuelle. Par ailleurs, aux termes du régime établi dans les *Traités sur la réduction des armements stratégiques* (START I et II), les stocks d'armes nucléaires doivent être considérablement réduits. En particulier, chacune des deux nations devra limiter le nombre de ses ogives stratégiques à un total entre 3 000 et 3 500; et la composante la plus déstabilisatrice de leurs forces nucléaires, les missiles balistiques intercontinentaux à charges multiples, doit être entièrement éliminée d'ici à l'an 2003. La stabilité ne pourra que s'accroître à mesure que se poursuivra la mise en œuvre des traités START I et II au cours de la prochaine décennie.

Le risque que ces armes présentent pour l'Amérique du Nord diminue avec la baisse des tensions; et la sécurité augmentera avec la réduction des armements. Ce n'est pas pour autant la fin des défis à la défense du continent, surtout lorsqu'on envisage un avenir plus lointain. Les armes nucléaires occupent toujours un rôle central dans la doctrine militaire russe. La majeure partie de l'arsenal nucléaire stratégique russe est encore en place. Et de sérieuses entraves financières et environnementales ralentissent la mise en œuvre des réductions prévues dans les traités START I et II. De surcroît, la Chine dispose également de forces nucléaires stratégiques capables d'atteindre l'Amérique du Nord et poursuit la modernisation de ses systèmes intercontinentaux.

La prolifération des armes de destruction massive et de leurs vecteurs constitue une autre préoccupation. En effet, un certain nombre d'États se sont dotés, ou cherchent à se doter, d'armes nucléaires, chimiques ou biologiques, ainsi que de vecteurs balistiques.

La dimension intercontinentale de cette menace constitue un problème à plus long terme, car aucun des pays en mesure de développer un jour de telles capacités ne devrait posséder de missiles balistiques pouvant atteindre l'Amérique du Nord avant que le siècle prochain ne soit bien amorcé. On ne peut cependant faire abstraction ni des programmes d'armement nucléaire, chimique et biologique, ni des plans relatifs aux missiles de théâtre dans la planification militaire. Pour commencer, il n'est nullement besoin de vecteurs sophistiqués pour mettre en œuvre des armes chimiques ou biologiques. Par ailleurs, bien des pays amis et alliés du Canada, en Europe et ailleurs, sont déjà, ou seront bientôt menacés par les armements de destruction massive. Pour finir, il se peut que le Canada veuille un jour déployer des forces dans des endroits où elles pourraient devoir faire face à de telles armes.

Défense bilatérale

Le fondement institutionnel de la coopération militaire canado-américaine est le garant d'une précieuse stabilité dans un monde en proie aux tensions et aux troubles. Tout comme les réalités stratégiques et financières, nos arrangements bilatéraux doivent néanmoins eux aussi évoluer. Le Canada continuera donc de repenser ses rapports avec les États-Unis en la matière, en fonction des priorités du nouveau contexte.

La coopération militaire canado-américaine se définit au travers d'une vaste gamme d'arrangements bilatéraux, au nombre desquels figurent des accords officiels de gouvernement à gouvernement, des protocoles d'entente interministériels et des ententes entre armées. Ces arrangements portent, entre autres, sur les plans et opérations interarmées, les exercices combinés, la production de défense, la logistique, les communications, la recherche et le développement, ainsi que l'échange de renseignements. Il existe en outre de nombreuses tribunes bilatérales où se tiennent régulièrement consultations, pourparlers et rencontres.

Le gouvernement est arrivé à plusieurs conclusions au sujet de ces arrangements. Premièrement, la coopération canado-américaine en matière de défense continue de fort bien servir nos intérêts fondamentaux. Deuxièmement, le gouvernement tient à ce que les Forces canadiennes restent en mesure de collaborer étroitement avec leurs homologues américaines dans diverses situations. Troisièmement, même si le gouvernement décidait de réduire sensiblement sa collaboration avec les États-Unis dans le domaine de la défense, le Canada serait encore obligé de compter sur son voisin du sud pour l'aider à protéger son territoire et ses abords. Cette aide serait alors strictement assujettie aux conditions américaines, puisque le Canada ne bénéficierait plus de l'influence que lui confère sa relation actuelle avec les États-Unis et avec ses autres alliés de l'OTAN. Pour finir, bien que certains aspects de cette relation soient destinés à rester largement inchangés, d'autres doivent être mis à jour.

Principaux arrangements

Commission permanente mixte de défense. Créée en vertu de la Déclaration d'Ogdensburg de 1940, la Commission permanente mixte de défense est l'organisme consultatif principal chargé des questions relatives à la sécurité du continent. Elle se compose de deux sections nationales formées de diplomates et de militaires. Depuis plus de cinquante ans, ces rencontres sont une fenêtre ouverte sur l'état des relations canado-américaines en matière de défense. La Commission a examiné presque toutes les mesures de défense importantes prises conjointement depuis la fin de la Seconde Guerre mondiale, et en particulier : la construction des stations radars du Réseau d'alerte avancé, l'élaboration de l'accord sur le commandement de la défense aérienne (devenue, ensuite, «aérospatiale») de l'Amérique du Nord de 1958, l'exploitation binationale du système de surveillance acoustique sous-marine et du réseau de radiogoniométrie haute fréquence, ainsi que la décision de poursuivre le programme de modernisation du système de défense aérienne de l'Amérique du Nord en 1985.

Ces dernières années, la Commission s'est avérée un excellent moyen supplémentaire de communication dans le règlement de certains contentieux. Elle a, en particulier, permis d'innover en matière de résolution des problèmes qu'occasionne le nouveau contexte mondial, en ce qui a trait au partage des coûts en période de restrictions budgétaires, par exemple. Du point de vue du gouvernement, la Commission demeure un point de contact fort utile, où les vues nationales peuvent s'exprimer clairement et franchement sur toutes les questions de sécurité qui intéressent les deux pays.

Comité de coopération militaire. Depuis sa création, en 1945, le Comité de coopération militaire facilite l'élaboration de plans militaires conjoints pour la défense de l'Amérique du Nord. L'une de ses premières tâches fut de réviser le plan canado-américain de défense en temps de guerre, qui s'est mué depuis en «Plan canado-américain de sécurité de base», lequel régit l'utilisation coordonnée des forces maritimes, terrestres et aériennes des deux pays, en cas d'hostilités. Aujourd'hui, le Comité de coopération militaire sert de courroie de transmission aussi directe qu'utile entre les états-majors militaires des deux pays.

Le Canada a toujours envisagé, dans le cadre du Plan de sécurité de base, de confier la défense du continent à des forces dont ce n'est pas la seule mission. Dans le nouveau contexte stratégique où se situe l'Amérique du Nord, ces forces comprendront désormais :

- un quartier général de force opérationnelle interarmées;

- un groupe opérationnel maritime sur chaque côte;

- un groupe-brigade et ses éléments de soutien;

- deux escadrons de chasseurs; et

- un escadron d'aéronefs de transport.

Coopération sur terre. La coopération entre les forces terrestres du Canada et des États-Unis est axée sur l'instruction. Un échange de notes signé en 1968 énonce les principes et les modalités régissant les mouvements de troupes transfrontières et permet aux unités des forces terrestres de chaque pays de se servir des infrastructures d'entraînement de l'autre. D'autres ententes portent sur les échanges temporaires de petites unités à des fins d'instruction, ainsi que sur les projets de formation et les exercices bilatéraux, y compris ceux qui sont préparés aux termes du Programme des armées américaine, britannique, canadienne et australienne.

Coopération en mer. La dimension maritime de la coopération canado-américaine à l'égard de la défense de l'Amérique du Nord porte sur la surveillance et le contrôle des vastes zones océaniques au large des côtes atlantique et pacifique, ainsi que dans l'Arctique. Ces missions sont remplies en étroite collaboration avec la marine et la garde côtière américaines et s'étendent à la planification, aux opérations et au soutien logistique.

Les exercices bilatéraux, qui ont lieu régulièrement en mer permettent d'évaluer les plans de défense, d'améliorer les normes opérationnelles et d'accroître la capacité des forces canadiennes et américaines de travailler ensemble. Les deux pays partagent depuis de longues années les données de surveillance acquises par l'exploitation conjointe d'installations comme le Système intégré de surveillance sous-marine des Forces canadiennes récemment mis en service à Halifax. Ils échangent également les renseignements et services utiles dans le cadre de leurs opérations de recherche et de sauvetage et de lutte antidrogue.

Les deux pays tirent avantage de leurs accords sur l'échange de carburant et de matériel en haute mer, de l'utilisation conjointe de certains polygones d'essai et d'évaluation, et du soutien disponible dans les ports d'escale. Les forces maritimes du Canada ont resserré les liens étroits qu'elles entretiennent avec la marine des États-Unis dans le Pacifique, à proximité des côtes nord-américaines. Enfin, les forces maritimes des deux pays ont eu, depuis quelques années, l'occasion de venir ensemble au secours des victimes de catastrophes naturelles, comme l'ouragan Andrew, en 1992.

Accord sur la défense aérospatiale de l'Amérique du Nord (NORAD). La conclusion de l'Accord NORAD devait officialiser la dizaine d'années de coopération ponctuelle entre le Canada et les États-Unis ouverte peu après la Seconde Guerre mondiale en matière de défense aérienne du continent. En vertu de cet accord, un quartier général intégré allait assurer le contrôle opérationnel des forces affectées à la défense aérienne. Depuis, NORAD a évolué afin de relever les défis que les innovations technologiques en matière d'armements posent pour l'Amérique du Nord.

Dans la nouvelle conjoncture géostratégique, le Canada continuera de disposer, mais dans des proportions beaucoup moindres, de moyens de surveillance aérospatiale, d'alerte antimissiles et de défense aérienne. Alors même que l'on procède à la réduction des opérations à des niveaux appropriés au temps de paix, le gouvernement est, en effet, convaincu qu'il demeure prudent pour le Canada et les États-Unis de conserver les moyens de reconstituer leurs forces advenant une menace stratégique pour le continent — et donc de disposer d'un minimum de matériel, d'infrastructures et de savoir-faire.

Les radars et les emplacements avancés d'opérations du Système d'alerte du Nord seront maintenus, mais leur disponibilité opérationnelle sera réduite. Une fois les travaux terminés, l'exploitation des capacités de surveillance et de contrôle pourra facilement être intensifiée et amenée au niveau maximal de disponibilité opérationnelle, à des coûts annuels de fonctionnement et d'entretien nettement diminués.

Dans les prochains mois, des négociations officielles s'amorceront au sujet du renouvellement de l'Accord NORAD qui arrive à expiration en 1996. Le Canada souhaite continuer de bénéficier des avantages que procure cette longue collaboration en matière de défense aérospatiale. Le gouvernement examinera de près les domaines où une mise à jour pourrait s'imposer, eu égard aux nouveaux défis à la sécurité du continent. Le Canada s'efforcera de conclure un accord qui servira ses intérêts nationaux et qui répondra à ses besoins de défense de l'heure comme à ceux du XXIᵉ siècle.

Programme canado-américain d'essai et d'évaluation. Le Programme canado-américain d'essai et d'évaluation de 1983 est un accord-cadre qui donne aux forces militaires américaines l'accès aux centres d'essai du Canada. Au cours de la dernière décennie, la technologie des bouées acoustiques, les munitions antiblindés, certaines modernisations du chasseur F/A-18 et, surtout, les missiles de croisière sans charge ont ainsi subi des essais au Canada. En février 1993, le programme a été renégocié et reconduit pour une période de dix ans. La nouvelle entente donne au Canada accès aux installations d'essai des États-Unis. Par ailleurs, le calcul des charges se fait désormais sur la base des coûts différentiels — c'est-à-dire en fonction des frais encourus du fait de la tenue d'essais précis et non plus en fonction des frais globaux de fonctionnement des installations. La nouvelle méthode de calcul a pour effet de réduire considérablement le coût des essais, évaluations et homologations que le Canada effectue aux États-Unis.

Le gouvernement considère que le Programme d'essai et d'évaluation fait partie intégrante de nos relations bilatérales en matière de défense. Il nous permet de mettre à l'essai aux États-Unis, au meilleur coût, toute une gamme d'importants systèmes canadiens. En contrepartie, nous permettons à nos voisins de tester chez nous des systèmes qu'ils jugent essentiels à la sécurité du continent et du globe, sous réserve d'approbation, dans chaque cas. La souplesse de l'accord en question facilite, par ailleurs, son adaptation aux changements de circonstances. Un peu plus tôt cette année, les deux gouvernements ont annoncé la fin des essais des missiles de croisière au Canada.

Ententes sur le partage de la production de défense et du développement industriel pour la défense. La coopération canado-américaine en matière de défense se traduit également par de nombreux accords relatifs à la production, à la recherche et au développement de matériel militaire. L'Entente sur le partage de la production de défense signée en 1956 a permis aux entreprises canadiennes de rivaliser, sur un pied d'égalité, avec leurs homologues américaines. Depuis 1963, l'Entente sur le partage du développement industriel pour la défense les aide en outre à mettre au point des produits destinés aux forces armées américaines. Ces ententes reposent sur le principe d'interdépendance de la défense de l'Amérique du Nord, et permettent aux deux pays de bénéficier des économies d'échelle qui résultent de la spécialisation.

Le Canada reconnaît depuis longtemps que son propre marché n'est pas de taille suffisante pour répondre à tous les besoins des Forces canadiennes. Ces ententes permettent donc au Canada de s'intégrer dans la production de masse américaine et de tirer parti de la demande de produits de défense, aux États-Unis comme chez ses alliés européens. C'est un avantage à une époque où les ressources sont en diminution et alors qu'augmente la concurrence; d'autant plus que l'*Uruguay Round* des négociations multilatérales sur les échanges internationaux n'a fait que peu de progrès en ce qui concerne les achats d'armement et la recherche. Les ententes canado-américaines fournissent, au surplus, aux industriels canadiens un moyen de se tenir au courant des progrès technologiques et, de ce fait, de créer et de préserver des emplois dans les secteurs militaires et civils de pointe.

Perspectives d'avenir

Espace. Ces dernières années, l'espace a pris une importance accrue en matière de sécurité mondiale. Ainsi, les forces terrestres, maritimes et aériennes s'appuient d'ores et déjà sur la technologie spatiale dans l'exécution de leurs missions traditionnelles, qu'il s'agisse de commandement, de contrôle et de communications, de collecte de renseignements, de surveillance, de navigation, de cartographie, de services météorologiques ou de vérification du contrôle des armements. À l'heure de la prolifération des missiles, le rôle de l'espace dans la protection des États modernes augmente encore.

Le Canada étudiera la possibilité de mettre au point un système de surveillance spatiale pour l'Amérique du Nord au siècle prochain, sous réserve de diverses considérations d'ordre militaire, financier et technologique.

Alerte et défense antimissiles. Le Canada est favorable aux discussions en cours avec les États-Unis, ses alliés de l'OTAN et d'autres partenaires, en vue de l'élargissement éventuel, bien au-delà de l'Amérique du Nord, de la fonction d'alerte antimissiles de NORAD, dont la guerre du Golfe a prouvé la valeur.

Le gouvernement suit avec intérêt l'orientation progressive de la politique et de la stratégie de défense des États-Unis, depuis quelques années, vers les systèmes de défense antimissiles de théâtre basés au sol et en mer. Le Canada se réjouit du fait que l'administration américaine a décidé d'avaliser l'interprétation restreinte du *Traité sur les missiles antimissiles balistiques* de 1972. Nous constatons en effet un engagement ferme de la part des États-Unis en faveur de l'élaboration d'une stratégie de défense aérienne élargie, qui conforte la stabilité mondiale et s'inscrit dans le droit fil des accords de contrôle des armements en vigueur.

Pour l'instant, ce qui intéresse le Canada c'est avant tout de mieux comprendre les tenants et aboutissants de la défense antimissiles et de mener, pour ce faire, les recherches et consultations voulues avec des États dont il partage les vues d'ensemble. Le rôle qu'il pourrait jouer dans la défense antimissiles balistiques à l'avenir ne sera pas défini en vase clos, mais en fonction de l'évolution des accords de défense aérospatiale propres à l'Amérique du Nord et, éventuellement, à l'OTAN. Il faudrait aussi que la participation du Canada s'avère rentable et abordable, qu'elle réponde à des besoins de défense évidents et qu'elle prolonge des missions d'ores et déjà assignées aux Forces canadiennes, par exemple, dans les domaines de la surveillance et des communications.

Objectifs

Depuis plus de cinq décennies, le Canada et les États-Unis collaborent à la défense de l'Amérique du Nord ainsi qu'aux efforts visant à assurer la paix et la stabilité mondiales. Les avantages qu'il y a à maintenir de tels rapports restent tout aussi utiles aujourd'hui. D'abord, le Canada bénéficie d'un gain de connaissances et d'une expérience opérationnelle inestimables, dont il peut tirer profit non seulement en Amérique du Nord, mais aussi dans le cadre de missions de l'ONU et d'autres opérations multilatérales à l'étranger. Deuxièmement, le Canada conserve de ce fait une certaine influence sur la formulation de la politique de défense américaine dans des domaines où nos intérêts sont directement concernés. Troisièmement, le Canada bénéficie d'importantes données relatives à sa sécurité dont il ne disposerait pas autrement. Quatrièmement, les compagnies canadiennes ont ainsi accès à d'importantes technologies et au vaste marché américain en matière de défense.

Les relations militaires canado-américaines se sont adaptées au fil des ans aux nouvelles réalités stratégiques et financières à mesure qu'évoluait la situation. Le caractère tumultueux des rapports internationaux et la nécessité de tirer le meilleur parti possible des ressources limitées dont dispose la défense sont en train de provoquer de nouveaux changements. La modification des arrangements bilatéraux en vigueur et les prochaines négociations sur le renouvellement de l'Accord NORAD constituent autant d'éléments importants dans ce processus. Pour l'heure, le Canada continuera de tabler sur la stabilité et la souplesse de ses relations avec les États-Unis pour satisfaire ses besoins en matière de défense en Amérique du Nord et ailleurs.

Le Ministère et les Forces auront pour mission :

- de conserver la capacité de mener en mer, sur terre et dans les airs des opérations, de concert avec les forces armées des États-Unis, en vue de défendre la moitié nord de l'hémisphère occidental;

- d'amorcer des négociations officielles avec les États-Unis en vue du renouvellement de l'Accord NORAD qui expire en 1996, et de veiller à ce que les dispositions de cet accord tiennent bien compte des priorités en matière de défense aérospatiale de l'Amérique du Nord;

- aux termes de l'Accord NORAD renouvelé, de collaborer :

  - à la surveillance et au contrôle de l'espace aérien de l'Amérique du Nord;

  - à la collecte, au traitement et à la diffusion de données d'alerte antimissiles en Amérique du Nord;

  - à l'examen des options relatives à la défense antimissiles balistiques en matière de recherche, étant entendu qu'il convient de faire fond sur les capacités actuelles du Canada dans le domaine des communications et de la surveillance; et

- de maintenir la participation du Canada au Programme canado-américain d'essai et d'évaluation, ainsi qu'aux Ententes sur le partage de la production de défense et du développement industriel pour la défense.

Chapitre 6

CONTRIBUTION À LA SÉCURITÉ INTERNATIONALE

Les Canadiens sont, par nature, internationalistes; ils ne sont pas isolationnistes. Nous sommes les héritiers d'une remarquable tradition de service à l'étranger, et fiers du prix Nobel de la paix décerné à Lester Pearson. Au-delà de l'insigne honneur qu'il rendait à ce grand Canadien, il marquait aussi la reconnaissance de la nouvelle personnalité de notre pays sur la scène internationale. Trente ans plus tard, les Canadiens ont eu de nouveau l'occasion de s'enorgueillir de leur contribution à la cause de la paix, lorsque le prix Nobel est venu saluer l'oeuvre des soldats de la paix. La coopération multilatérale pour la sécurité n'est pas seulement une tradition pour le Canada, c'est aussi l'expression de ses valeurs à l'échelle internationale. Ce qui se passe à l'étranger ne nous est pas indifférent et nous sommes disposés à collaborer avec d'autres pays afin d'améliorer le sort des peuples, quels qu'ils soient.

Par ailleurs, les Canadiens ne sont pas sourds aux leçons de l'histoire. Certes, nos concitoyens comprennent que les États aient tendance à préférer consacrer leurs ressources à leurs grandes questions nationales de l'heure, mais l'expérience qu'ils ont des deux guerres mondiales et de la guerre de Corée leur confère une résistance à la tentation des temps de paix de croire leur sécurité garantie, tentation qu'engendre une tendance à prendre ses désirs pour des réalités. Pour le Canada, il est clair aussi que le passé met en relief la nécessité d'établir et de maintenir des institutions multilatérales véritablement en mesure d'assurer la sécurité et la stabilité, et de réagir énergiquement aux agressions lorsque rien d'autre n'y suffit.

Les valeurs et les intérêts du Canada sont désormais d'ordre mondial, et ses forces armées se doivent de contribuer à la sécurité internationale. Il convient que nous continuions de jouer un rôle actif au plan militaire au sein des Nations unies, de l'Organisation du traité de l'Atlantique nord et de la Conférence sur la sécurité et la coopération en Europe. Il faut aussi que nous élargissions nos relations de défense avec les pays de la région Asie-Pacifique et d'Amérique latine et, dans la mesure du possible, que nous fassions davantage pour la sécurité au Moyen-Orient et en Afrique.

La communauté internationale se heurte aujourd'hui à des problèmes de sécurité d'une complexité qui défie les solutions toutes faites, et elle tient à les régler dans le cadre d'institutions multilatérales. Cela ne tient pas seulement aux récentes améliorations des relations mondiales, mais au fait qu'à une époque où bon nombre de pays réduisent leurs dépenses militaires en vue de financer leurs grands projets nationaux, la coopération multilatérale est une bonne façon de mettre en commun les ressources de chacun et d'en tirer le meilleur parti. De toute évidence, donc, aujourd'hui plus que jamais, les solutions multinationales ont besoin de notre appui et, par-delà les bonnes paroles et les idées, méritent que nous prenions en leur faveur des mesures tangibles pour conforter la sécurité et le bien-être du monde.

Opérations multilatérales : la perspective canadienne

La nature des opérations des Nations unies a considérablement changé ces dernières années. Par le passé, en effet, elles consistaient avant tout en des missions traditionnelles de maintien de la paix et d'observation. Leur gamme s'est nettement élargie et couvre à présent l'ensemble des activités militaires, des déploiements préventifs aux actions d'imposition de la paix, comme la guerre du Golfe. Tout cela est fort bien documenté dans l'*Agenda pour la paix* de 1993, du Secrétaire général de l'ONU.

L'évolution progressive des opérations d'appui aux objectifs de l'ONU ne s'est pas traduite que par des succès. Certes, un certain nombre de missions ont été de grandes réussites, notamment celle du Groupe d'assistance des Nations unies qui a facilité la transition de la Namibie vers l'indépendance. D'autre part, l'opération multinationale déclenchée dans le Golfe en 1990-1991, à la suite de l'invasion du Koweït par l'Irak a permis d'imposer les sanctions économiques décrétées contre l'Irak et, lorsqu'il fut clair que ces sanctions ne suffiraient pas à convaincre les Irakiens de se conformer aux résolutions de l'ONU, de restaurer la souveraineté du Koweït au terme d'une campagne militaire aussi brève qu'efficace.

On a cependant aussi enregistré de profondes déceptions. L'opération des Nations unies en Somalie avait été conçue à l'origine avec la plus grande générosité et les meilleures intentions pour rétablir l'ordre, dispenser des secours humanitaires désespérément attendus et faciliter la reconstruction nationale. Il semble évident, à son terme, qu'au moins deux de ses trois objectifs n'ont pas été atteints. De même, s'il est indéniable que les opérations de l'ONU dans l'ex-Yougoslavie ont permis de sauver des vies, elles ont également bien mis en lumière le problème des missions dont le mandat évolue sans cesse. Elles ont en outre souligné les difficultés que soulève la mise au service de l'ONU des ressources d'organisations régionales comme l'OTAN et l'Union européenne. Ailleurs, au Rwanda par exemple, les Nations unies ont été tout simplement incapables d'intervenir à temps.

Le Canada, qui a toujours nettement favorisé le multilatéralisme en général, et l'ONU en particulier, a joué un rôle important dans le cadre de la récente vague d'opérations des Nations unies. Il restera l'ardent défenseur des institutions de sécurité multilatérales. Nous sommes, cependant, également convaincus qu'il convient à présent de situer les objectifs et la conduite des missions multilatérales pour la paix et la stabilité dans une perspective réaliste, Il faut pour cela tenir compte de considérations qui valent pour toutes les opérations de ce genre, de même que d'autres qui concernent plus précisément les organismes multilatéraux de sécurité comme l'ONU et l'OTAN.

Considérations générales. La considérable expérience du Canada en matière d'opérations multilatérales nous a permis d'identifier, dans les objectifs, la conception et le déroulement des missions, certaines caractéristiques prometteuses de succès. Ainsi, il est préférable que ces missions visent à contrer de réelles menaces à la paix et à la sécurité mondiales (cas du Golfe et de l'ex-Yougoslavie) ou à prévenir des catastrophes d'ordre humanitaire (cas de la Somalie et du Rwanda). Il ne faut pas que l'action entreprise devienne une action en soi. Et puis, il vaut mieux que les opérations s'inscrivent dans une stratégie d'ensemble dont le but est de trouver des solutions à long terme, à la fois réalistes et viables (cas des opérations de l'ONU en Amérique centrale).

Il convient donc que certains principes clés président à la conception de toute mission :

- un mandat précis et traduisible dans la réalité;

- une autorité responsable bien identifiée et acceptée de tous;

- une composition nationale des forces militaires adaptée aux besoins de la mission, et un processus de consultation efficace entre les pays participant à la mission;

- dans le cas de missions faisant appel à des ressources militaires et civiles, une autorité responsable sur le terrain clairement désignée, une répartition précise des compétences par souci d'efficacité, et des modalités de mise en oeuvre communément acceptées.

- Sauf en cas d'opérations d'imposition de la paix ou d'interventions en vue de défendre des États membres de l'OTAN, la participation canadienne doit être acceptable par toutes les parties au conflit.

L'expérience que le Canada a acquise, notamment dans le cadre de ses opérations multilatérales, que ce soit ou non dans le cadre de l'ONU et de l'OTAN, nous porte en outre à croire qu'un certain nombre de conditions fondamentales d'ordre opérationnel influe aussi largement sur la probabilité de succès des missions. En particulier, il importe :

- que du début à la fin d'une opération, les contingents militaires qui lui sont assignés conviennent à la mission par leur importance et leur formation autant que par leur matériel; et

- que le concept d'opérations soit bien défini, la structure de commandement et de contrôle efficace, et les règles d'engagement parfaitement claires.

L'ONU et l'OTAN. C'est à la lumière de l'expérience pratique qu'a le Canada des opérations multilatérales, que le gouvernement a développé son point de vue sur les principes à suivre en matière de répartition des rôles entre l'ONU et l'OTAN, les deux plus importants organismes de sécurité auxquels appartient le Canada, en matière d'opérations multilatérales. Si le Canada fait depuis longtemps partie de ces deux organisations, c'est qu'il y voit des institutions qui ont beaucoup à offrir du point de vue de la paix et de la stabilité internationales. Cela dit, l'une et l'autre ont leurs points forts, leurs lacunes et leurs limites.

Par le passé, l'ONU n'a que très rarement réussi à atteindre le degré de consensus nécessaire pour intervenir militairement. De ce fait, elle ne dispose ni du personnel ni de l'expérience nécessaires, pour concevoir une opération ou préparer les forces multinationales qui lui permettraient de mettre en oeuvre le potentiel militaire de ses États membres dans les meilleures conditions au plan des délais et de l'issue de la mission. En fait, chaque fois qu'elle entreprend une mission, pour que l'ONU dispose du moindre soldat, il faut encore que les États membres soient disposés à en mettre à sa disposition.

La raison d'être de l'OTAN est plus étroitement définie. L'Alliance a pour mission d'assurer la défense collective de ses États membres. Le nombre de ceux-ci se limite à 16 pays aux vues similaires, et il est donc plus facile de parvenir à un consensus. L'Alliance a par ailleurs beaucoup d'expérience dans l'organisation et la préparation de forces multinationales en vue de missions défensives, ainsi qu'en matière de planification et d'exécution d'opérations interalliées. Qui plus est, l'engagement des États membres à participer à la défense d'un pays de l'Alliance est quasi automatique.

Le Canada est acquis au principe d'une Organisation des Nations unies vigoureuse et efficace, capable de défendre les valeurs et les procédures consignées dans sa Charte. Pour le Canada, les situations exigeant une intervention militaire internationale doivent être traitées conformément aux dispositions de la Charte. L'ONU est en droit d'employer la force en vertu, d'une part, de l'autorité prééminente que lui confère sa représentativité à l'échelle mondiale et, d'autre part, de sa Charte, qui fixe le cadre éthique et légal actuel des relations entre les États, voire, dans certains cas, au sein même des États.

Il reste que l'ONU traverse de sérieuses difficultés. L'Organisation souffre, en particulier, d'une crise budgétaire chronique, à la fois parce que certains États membres ne respectent pas leurs obligations financières et du fait de plusieurs opérations récentes de très grande envergure, extrêmement complexes et coûteuses, qui ont grevé considérablement ses ressources. De plus, il faudra réformer le Conseil de sécurité si l'on veut qu'il soit vraiment utile à la communauté internationale. Il faut que l'on prête plus d'attention au texte de ses résolutions. Il est indispensable que son processus décisionnel gagne en transparence, et que les pays qui n'y siègent pas, tout particulièrement ceux dont les troupes participent à des opérations en cours, soient consultés de façon plus systématique. Enfin, au plan interne, l'ONU n'a pas réussi à assumer efficacement le rôle élargi qui est le sien depuis la fin de la guerre froide. Pour lui permettre de recouvrer sa crédibilité, il importe donc de réformer sa bureaucratie, de rationaliser son fonctionnement et de réduire ses coûts.

Il conviendrait que, une fois que l'ONU a établi ses objectifs, déterminé les moyens d'y parvenir et arrêté sa stratégie sur une question donnée, elle soit en mesure de passer aux actes sans délai et avec la promesse de résultats concrets. Il se peut que la constitution d'une force permanente des Nations unies puisse constituer une solution au problème auquel se heurte l'ONU depuis longtemps lorsqu'elle décide de lever des troupes immédiatement. Les modalités pratiques de l'établissement d'une telle force sont complexes, et le Canada est résolu à voir la question étudiée à fond. Entre-temps, nous augmenterons notre capacité de contribuer aux opérations de l'ONU, et, dans les limites de nos ressources, nous nous efforcerons de répondre rapidement aux appels de l'ONU, qu'il soit question de savoir-faire, de personnel ou d'unités de campagne au grand complet.

Le Canada demeure aussi très favorable à la réforme de l'OTAN, dont il souhaite voir le potentiel de compétences et de ressources militaires mis plus souvent au service de l'ONU. Or, elle n'y consentira que si ses rapports avec l'organisation mondiale sont définis en termes clairs et appropriés et sont bien compris de tous. La plus utile contribution que l'OTAN puisse apporter aux opérations de l'ONU serait de mettre à sa disposition la puissance militaire et l'énergie qui lui font défaut. Si elle accepte de jouer ce rôle, toutefois, il faudra que l'Alliance sache résister à la tentation d'imposer ses vues sur l'orientation politique et stratégique des missions. Cette responsabilité ne peut incomber qu'au Conseil de sécurité.

L'ONU, pour sa part, doit reconnaître que, lorsqu'elle demande à l'OTAN son soutien militaire, il faut que la chaîne de commandement et les procédures de l'Alliance puissent continuer de fonctionner, sans être compromises par des directives politiques ou militaires vagues, confuses ou discordantes. Ce genre d'instructions nuirait à l'efficacité opérationnelle de l'OTAN, ne favoriserait en rien la réalisation des objectifs de l'ONU et, en fin de compte, porterait atteinte à la crédibilité des deux organisations.

Considérations nationales. Le Canada doit rester prêt à affecter des troupes à une large gamme de missions de l'ONU et d'autres opérations multilatérales. Certaines situations internationales susciteraient une intervention rapide du Canada, par exemple la nécessité de défendre un de nos alliés de l'OTAN ou une menace comparable contre la paix et la sécurité internationales. Cet engagement de caractère général est sans équivoque. Dans des circonstances moins extrêmes, toutefois, il est possible au Canada de se montrer sélectif — et il se devra de l'être s'il veut demeurer en mesure de jouer un rôle réel. Il ne lui est pas possible de participer à toutes les opérations multilatérales, et ce n'est d'ailleurs pas nécessaire. Nos ressources sont limitées; il se peut que nous ne soyons pas d'accord avec l'objet ou l'organisation de telle ou telle mission, ou que nous ne soyons pas convaincus de ses chances de succès, ou encore que nous soyons engagés ailleurs. De plus, rien n'oblige le Canada à toujours assumer une part importante de chaque opération ou à fournir des forces plus longtemps que cela semble souhaitable. Ce qui est certain, toutefois, c'est que le Canada entend maintenir sa spécialisation dans les opérations multilatérales et que nous affecterons des forces à ce genre de mission si nous disposons des ressources voulues et d'un personnel convenablement armé et entraîné pour les missions en question et donc en mesure de contribuer véritablement à leur succès.

Choix possibles

L'engagement du Canada vis-à-vis des opérations multilatérales est sans égal. Le plus frappant à ce sujet n'est d'ailleurs pas seulement le nombre de missions auxquelles ont participé les Forces canadiennes, mais aussi le fait que ces missions aient couvert pratiquement tout l'éventail des activités militaires. Sous réserve des principes énoncés précédemment, le gouvernement est prêt à engager des forces maritimes, terrestres et aériennes (ainsi que des éléments de soutien) dans toute la gamme des opérations multilatérales, y compris celles décrites ci-après.

Déploiements préventifs. Les déploiements préventifs ont pour objectif de désamorcer une situation tendue entre des parties sur le point d'entrer en conflit, d'accroître leur degré de confiance mutuelle et d'éviter que des incidents sans importance ne dégénèrent, accidentellement, en conflit généralisé. Le gouvernement considère ce genre de déploiement comme fort utile, dans le cadre d'une stratégie diplomatique plus globale visant à résoudre un conflit par la voie pacifique et à prévenir le déclenchement d'hostilités. De fait, le Canada a participé dès le départ au tout premier déploiement préventif de forces de l'ONU, dans l'Ex-république yougoslave de Macédoine en 1993, dont le but était de stabiliser dans une certaine mesure cette région troublée des Balkans.

Missions de maintien de la paix et d'observation. Les missions de maintien de la paix et d'observation représentent ce que l'on entend traditionnellement par «maintien de la paix». Ces termes évoquent les missions dans le Golan ou à Chypre. Ces opérations consistent à interposer des forces impartiales entre les parties à un cessez-le-feu et à veiller au respect des pactes conclus pendant que se déroulent les négociations devant mener à une solution politique. Ces dernières années, ce genre d'opérations n'a pas bénéficié de la même visibilité dans le public que certaines autres missions multilatérales, dont celles de l'ONU en ex-Yougoslavie, en Somalie et au Cambodge. Néanmoins, quand la volonté existe de mettre fin à un conflit armé et de trouver un règlement politique, les missions de maintien de la paix traditionnelles restent un précieux instrument pour faciliter la transition. L'expérience du Canada en la matière est sans pareille, et le gouvernement a la ferme intention de maintenir la participation des Forces canadiennes à de telles opérations.

Imposition de la volonté de la communauté internationale et défense de l'Alliance. Les opérations les plus ambitieuses entreprises ces derniers temps ont pris la forme d'interventions sous une égide multilatérale visant à faire respecter la volonté de la communauté internationale non seulement dans le contexte de guerres entre États, mais de conflits à l'intérieur de certains États. On compte parmi les exemples récents de telles opérations :

- l'imposition de sanctions économiques ou d'embargos sur les armes;

- le recours aux forces armées pour garantir la livraison de secours;

- les interdictions de vol lorsque des forces hostiles voulaient mettre à profit l'espace aérien pour mener une campagne militaire ou attaquer des populations civiles (cas des «zones d'interdiction de vol»);

- la protection de populations civiles et de réfugiés à l'intérieur de «zones de sécurité»; et

- la défense des États membres de l'ONU et de l'OTAN contre les menaces d'attaque ou en cas d'attaque.

Les Forces canadiennes ont pris part à des opérations de chacun de ces types . Pour ce faire, il leur a fallu pouvoir compter sur une formation poussée et des capacités très diversifiées. Nos militaires ont contribué à faire respecter les sanctions économiques décrétées contre Haïti et l'ex-Yougoslavie. Ils se sont employés à rétablir l'ordre et à assurer la livraison de secours humanitaires en Somalie. Dans le cadre de la FORPRONU, ils font de même en Croatie, en même temps qu'ils participent à l'interdiction des vols et à la protection de «zones de sécurité» en Bosnie-Herzégovine. En 1990-1991, le Canada s'est joint à la coalition multinationale qui devait repousser l'invasion du Koweït par l'Irak. Enfin, pendant toute cette période, les Forces canadiennes ont continué de s'entraîner avec nos alliés de l'OTAN afin que l'Alliance demeure capable de se défendre contre toute attaque armée.

La recrudescence des tensions ethniques et religieuses, le nombre accru d'«États-faillite» et la persistance des querelles de frontières et de celles que suscite l'accès à certaines ressources sont autant de raisons de penser qu'à moins de devenir multidimensionnelles, les interventions multilatérales seront vouées à l'échec face à la variété des défis à relever. Le but de ces missions est invariablement irrécusable, qu'il soit question de protéger des populations civiles et des réfugiés, de reconstruction nationale, de défense du droit international ou de résister à une agression. On aurait pourtant tort de croire qu'elles se dérouleront toujours sans heurts ou sans poser de risques importants au personnel des Forces canadiennes, tout particulièrement dans un contexte où la prolifération d'armements sophistiqués devient la règle plutôt que l'exception. Néanmoins, le Canada restera prêt à fournir des forces pour ces opérations, qu'elles soient placées sous l'égide de l'ONU ou de l'OTAN, ou encore de la CSCE.

Consolidation de la paix. La formation, les compétences et le matériel de nos forces armées leur donnent les moyens de contribuer de façon importante à la sécurité du monde en participant à la réhabilitation des secteurs dévastés par la guerre. Elles ont en particulier, par le passé, apporté des secours humanitaires, reconstruit des infrastructures et procédé au nettoyage de zones minées. Une fois les troupes soviétiques retirées d'Afghanistan, le Canada a même pris l'initiative d'apprendre aux réfugiés à reconnaître les divers types de mines et à les désamorcer. Ce genre d'activités est d'une valeur inestimable pour l'établissement d'une paix durable, et le gouvernement envisagera des moyens de permettre aux Forces canadiennes d'en entreprendre de nouvelles.

Avant de former le gouvernement, nous avions déjà souligné le besoin d'étudier la question des rapports entre militaires et civils, dans le cadre des nouvelles missions multilatérales. Nous nous emploierons à dépasser les progrès réalisés jusqu'ici. Il apparaît, par exemple, à la lumière de l'expérience acquise lors de nos missions en Éthiopie, en Somalie et au Rwanda, que les forces armées ont un rôle crucial à jouer au tout début de ces missions, particulièrement dans l'établissement d'un cadre de sécurité et la fourniture d'un soutien élémentaire (transport, soins médicaux d'urgence, logistique et communications). À plus long terme, toutefois, il semble préférable de laisser aux organismes civils la responsabilité de relever le pays, qu'il s'agisse de l'appareil administratif ou judiciaire civil, des services de santé ou de secours humanitaires.

Mesures visant à accroître la stabilité et la confiance. Le contrôle des armements et les mesures visant à instaurer la confiance constituent un important moyen de prévenir ou de limiter les conflits et de promouvoir des relations stables entre les États. Au cours des deux dernières années, par exemple, le Traité sur les forces conventionnelles en Europe a permis la destruction de plus de 7 000 chars des pays de l'ancien pacte de Varsovie, soit un nombre suffisant pour équiper 32 divisions de type soviétique.

Les capacités d'inspection et de vérification jouent un rôle déterminant dans le succès ou l'échec de ces accords. Le ministère de la Défense nationale et les Forces canadiennes continueront de faire leur part d'opérations de ce genre, dans les limites de leurs ressources, comme ils l'ont fait dans le passé.

Les contacts multilatéraux et bilatéraux entre représentants civils et militaires de divers pays sont l'un des moyens les plus intéressants et les plus productifs de contribuer à accroître la stabilité et à instaurer la confiance. Ce genre de relations, qu'il s'agisse de brèves visites ou de véritables pourparlers et d'échanges de personnel, favorise la transparence et le respect mutuel du fait des rapports directs qu'elles permettent d'établir, et d'une plus juste perception des différences d'appréciation qui existent en matière de défense, ainsi que de tradition et de doctrine militaires. Les Forces canadiennes ont par le passé profité de contacts bilatéraux et multilatéraux de ce genre pour aborder les sujets les plus divers, de la planification de défense aux rapports entre civils et militaires. Les échanges avec les armées d'Europe centrale et orientale, ainsi qu'avec la Communauté des États indépendants se sont révélés fort prometteurs. Aussi, le gouvernement entend les étendre à d'autres pays. Nous augmenterons donc de façon substantielle le budget consacré au Programme d'aide à l'instruction militaire, afin de développer les contacts avec l'Europe centrale et orientale, la Communauté des États indépendants, l'Asie, l'Amérique latine et l'Afrique.

Formation aux missions multilatérales

Le gouvernement est convaincu que la meilleure façon de préparer les Forces canadiennes aux missions multilatérales est de les former au combat, à l'échelle nationale et aux côtés de nos alliés. Ainsi préparées, les Forces disposent des compétences nécessaires pour faire face à toutes sortes de situations inattendues susceptibles de se présenter dans des circonstances autres que la guerre.

Le Canada oeuvrera en faveur de l'amélioration de la formation au maintien de la paix.

- Les expériences vécues récemment lors d'opérations de l'ONU ont confirmé l'utilité de sensibiliser les soldats de la paix à la culture des pays où ils sont envoyés, et de leur donner des bases solides en matière de droit humanitaire international et de résolution de conflits. Bien que cette instruction ait toujours fait partie des préparatifs auxquels sont soumis les militaires canadiens, il lui sera accordé encore plus d'importance à l'avenir.

- Le gouvernement a beaucoup favorisé la création à Cornwallis, en Nouvelle-écosse, du Centre international canadien Lester B. Pearson pour la formation au maintien de la paix sous les auspices de l'Institut canadien des études stratégiques et contribué à son financement. Le Ministère y parrainera à l'avenir la formation dispensée dans le cadre du Programme d'aide à l'instruction militaire à l'intention du personnel militaire des pays du Partenariat pour la paix de l'OTAN et des nations en développement.

Institutions et engagements

Renforcement des Nations unies. Le Canada, dont l'appui politique et financier aux Nations unies n'a jamais failli, continue de promouvoir la réforme de cette institution. Dans le domaine de la sécurité, il contribue aux opérations onusiennes en y apportant un personnel extrêmement qualifié, des ressources militaires importantes et une expérience considérable. Aux yeux d'autres pays, le Canada est à cet égard un chef de file. Outre ses excellents antécédents au chapitre du paiement de sa quote-part des opérations de l'ONU, notre pays s'est distingué en mettant un certain nombre de militaires riches d'une expérience éminemment utile au service des dirigeants de l'ONU, en vue d'améliorer leur capacité de planification et d'exécution. Le Canada continuera aussi de faire campagne pour l'amélioration des modalités de financement des opérations de l'ONU, la mise à jour de son système de commandement et de contrôle, et le développement de ses capacités administratives et logistiques.

Il fut un temps où la participation des Forces canadiennes aux opérations de maintien de la paix de l'ONU était plus ou moins plafonnée ou envisagée aux alentours de 2 000 personnes. L'expérience de ces dernières années suggère une approche plus souple. De façon générale, dans le cadre des missions de l'ONU, les Forces canadiennes se tiendront prêtes à déployer des forces d'intervention pouvant comprendre jusqu'à un groupe opérationnel maritime, un groupe brigade et un groupe bataillon d'infanterie ainsi qu'une escadre de chasseurs et un escadron d'aéronefs de transport tactique. Si toutes ces unités devaient se déployer simultanément, c'est quelque 10 000 militaires qui seraient mis à contribution.

Le Canada augmentera le nombre de ses troupes en réserve de l'ONU dans les limites précisées ci-dessus. Elles passeront de : un bataillon, un élément de transport aérien et un élément des communications à l'ensemble des éléments d'avant-garde des forces d'intervention, soit deux navires (un sur chaque côte), un groupement tactique, un groupe bataillon d'infanterie, un escadron de chasseurs, une escadrille de transport aérien tactique, un élément des communications et un élément de quartier général. Si tous ces éléments se déployaient simultanément, c'est environ 4 000 militaires qui seraient mis à contribution et dont il faudrait assurer le soutien par la suite aussi longtemps que nécessaire.

Les Forces canadiennes seront également en mesure de déployer pour des périodes limitées certains autres de leurs éléments, et en particulier, du personnel des services de santé, des unités de transport et des transmissions, ainsi que des sapeurs, dans le cadre de missions de secours humanitaires. Enfin, le Canada fournira également, dans la mesure du possible, des observateurs et des techniciens spécialisés.

OTAN : Participation et réforme. Le Canada continuera de figurer parmi les membres actifs à part entière de l'OTAN. La menace monolithique qui pesait naguère sur l'Europe de l'Ouest a disparu et, pour le moment, c'est aux Européens que revient avant tout la responsabilité d'assurer la défense de l'Europe. Le gouvernement attache cependant une grande importance au lien transatlantique que constitue l'OTAN. Il reconnaît également que, depuis 1990, l'Alliance a su s'adapter au contexte de l'après-guerre froide. On n'a qu'à penser, pour s'en convaincre, aux remarquables résultats que représentent, du point de vue de la collaboration en matière de sécurité européenne, des initiatives comme la création du Conseil de coopération nord-atlantique (CCNA), le Partenariat pour la paix et l'élaboration du concept de force opérationnelle combinée.

Le Canada militera en faveur de changements supplémentaires. Certes, le rôle fondamental de l'Alliance consiste à assurer la défense collective de ses membres. L'OTAN peut toutefois contribuer encore davantage à la sécurité collective et coopérative qu'elle ne le fait actuellement, et le gouvernement s'attachera à trouver un équilibre approprié entre la mission traditionnelle de l'Alliance et ses nouveaux rôles.

Le Canada prendra une part active aux efforts que continue de déployer l'Alliance en direction des pays d'Europe centrale et de la Communauté des États indépendants. Nous sommes tout à fait favorables à l'expansion de l'OTAN, mais nous persistons à croire que cette question doit être abordée avec beaucoup de prudence, car il faut éviter que ce processus n'exacerbe les craintes de la Russie de se voir ainsi encerclée ou marginalisée. Le Canada participera donc aux programmes multilatéraux et bilatéraux destinés à intégrer progressivement tous nos partenaires du CCNA dans un dispositif de sécurité adapté aux besoins de l'hémisphère nord.

Enfin, le Canada insistera pour que l'Alliance gagne en efficacité dans la préparation de ses budgets et diminue ses frais de fonctionnement, comme ont dû le faire les ministères de la défense nationale des États membres, tous confrontés à d'importantes compressions budgétaires. Nous proposerons notamment que l'OTAN réduise l'importance et le coût de sa bureaucratie, et qu'elle veille à affecter son budget militaire à des activités vraiment utiles dans le nouveau contexte international.

Les engagements futurs du Canada envers l'OTAN refléteront la conception que le gouvernement se fait de l'Alliance. En cas de crise ou de guerre en Europe, les forces d'intervention que le Canada réserve à l'ensemble des missions multilatérales seraient immédiatement mises à la disposition de l'OTAN. Si cela devait s'avérer nécessaire, le Canada mobiliserait d'autres ressources nationales afin de pouvoir remplir ses engagements en vertu de l'article 5 du Traité de l'Atlantique Nord.

En plus de s'engager, de manière générale, à déployer des forces pour la défense du territoire de l'Alliance, le Canada conservera un certain nombre d'engagements particuliers en temps de paix. Il convient, de ce point de vue, de noter trois changements importants.

Premièrement, le Canada cessera d'assigner un groupe bataillon à la Force mobile terrestre du Commandement allié en Europe ou à la Force mixte de l'OTAN au titre de sa participation à la défense du nord de la Norvège. Compte tenu de l'évolution de la sécurité européenne et de l'actuelle posture stratégique de l'OTAN, il semble en effet que ce groupe bataillon jouerait un rôle plus utile dans le cadre d'une force d'action rapide de l'OTAN prête à se déployer n'importe où sur le territoire de l'Alliance, y compris en Norvège. Nous nous proposons donc d'affecter ce même groupe bataillon d'infanterie à la Force terrestre de réaction immédiate de l'OTAN. Le matériel du groupe bataillon, qui est actuellement prépositionné en Norvège et qui se prête tout particulièrement aux opérations dans le Nord, pourrait, dans ces conditions, être rapatrié et utilisé pour répondre aux besoins accrus des unités régulières de l'armée de terre, dont les effectifs sont en augmentation, ainsi qu'à ceux de la Milice.

Deuxièmement, parallèlement à sa contribution à la Force maritime permanente de l'OTAN dans l'Atlantique, le Canada attachera de temps à autre un navire à la Force navale permanente de l'OTAN en Méditerranée. Cette initiative, qui cadre avec le contexte géographique élargi de l'Alliance, améliorera encore la formation de notre personnel naval ainsi mis au contact de marines alliées.

Troisièmement, le Canada a toujours eu un solde nettement positif du point de vue de ses cotisations au Programme d'infrastructure de l'OTAN dont le but était de mettre en commun de la manière la plus efficace possible les fonds des pays de l'Alliance en vue de bâtir les infrastructures nécessaires à la défense collective. Cependant, étant donné les bouleversements survenus dans le contexte de la sécurité européenne, le fait que le redressement économique de l'Europe de l'Ouest est aujourd'hui achevé, et devant la nécessité de répondre aux besoins de sécurité collective en Europe centrale et orientale, le Canada réduira sa contribution à ce programme en vue de consacrer une partie des sommes ainsi dégagées au financement de contacts bilatéraux élargis avec ces pays, dans le cadre du Programme d'aide à l'instruction militaire.

Continuité vis-à-vis de la CSCE. Le Canada joue un rôle actif au sein de la Conférence sur la sécurité et la coopération en Europe (CSCE) depuis sa création en 1973. Nous avons, entre autres, signé le document initial (l'Acte final d'Helsinki de 1975), le Document de Stockholm de 1986 sur les mesures d'instauration de la confiance, le *Traité sur les forces conventionnelles en Europe* de 1990, ainsi que les Accords de Vienne de 1990 et de 1992. Le Canada a par ailleurs affecté des forces à la Mission de surveillance de la Communauté européenne dans les Balkans (initiative de la CSCE) et a fourni un soutien opérationnel à la mission de la CSCE dans le Haut-Karabakh.

Parmi les organisations qui traitent des questions de sécurité régionale en Europe, la CSCE est la seule qui englobe la Russie ainsi que la quasi-totalité des autres pays d'Europe centrale et orientale. Elle joue de ce fait un rôle particulier dans l'instauration de la confiance entre ses membres. Il est également possible que cette organisation, qui a tant contribué à la prévention des conflits, puisse à l'avenir intervenir dans leur règlement — rôle qui pourrait englober divers types de missions de maintien de la paix et opérations connexes. Dans la mesure où un consensus pourrait s'établir sur ces fonctions, le Canada serait prêt à participer à de telles activités dans les limites imposées par ses contraintes budgétaires et dans la mesure de ses moyens.

Il convient néanmoins de souligner que la CSCE ne dispose pas de mécanisme décisionnel véritable. En effet, malgré les mesures prises récemment pour améliorer son appareil administratif, la CSCE reste bien plus un processus qu'une institution. Pourtant, à long terme, la CSCE pourrait bien apporter une contribution précieuse à la sécurité européenne, dans la mesure où elle encourage la transparence entre ses membres et entre les organisations régionales (l'OTAN et l'Union de l'Europe occidentale (UEO), par exemple) et du fait du code de conduite paneuropéen qu'elle élabore petit à petit. Le Canada continuera donc de participer activement à ce forum.

Ouverture sur la région Asie-Pacifique. Dans la région Asie-Pacifique, en matière de sécurité, hormis sa participation à la guerre de Corée, le Canada a limité son rôle, depuis la fin de la Seconde Guerre mondiale, à diverses missions de maintien de la paix et d'observation (dont la Commission internationale pour la surveillance et le contrôle au Viêt-nam et l'Autorité provisoire des Nations unies au Cambodge) et aux exercices aériens et maritimes «RIMPAC» tenus avec les États-Unis, le Japon, l'Australie et, parfois, quelques autres riverains du Pacifique. À mesure que ses intérêts en Asie se sont accrus au cours des dernières années, le Canada a intensifié ses activités par le biais de diverses initiatives en matière de sécurité régionale, notamment en favorisant l'ouverture d'un dialogue sur ces questions au sein, par exemple, du Forum régional asiatique, du Conseil de coopération en matière de sécurité dans la région Asie-Pacifique et du Consortium canadien sur la sécurité de la région Asie-Pacifique. Toutes ces activités se poursuivront et, comme dans le domaine économique, le Canada prendra une part plus active au plan de la sécurité dans la région.

À cette fin, nous élargirons notre programme de contacts militaires bilatéraux avec divers pays d'Asie, dont le Japon, la Corée du Sud et les membres de l'Association des nations du Sud-Est asiatique (ANSEA). À l'heure actuelle, ces contacts se limitent à l'envoi d'attachés militaires dans certaines capitales et à la tenue de pourparlers et de conférences périodiques au niveau des états-majors. Ces activités seront progressivement complétées par un programme plus régulier de visites et d'échanges sur les questions de maintien de la paix, y compris dans le cadre des programmes du Centre international canadien Lester B. Pearson.

Dans les autres régions. Depuis 1947, outre sa participation à la guerre du Golfe, le Canada a pris part à plus de trente missions de maintien de la paix, d'observation et de secours humanitaires en Amérique latine, au Moyen-Orient et en Afrique. Il maintiendra son engagement vis-à-vis de la stabilité de ces régions, par l'entremise de l'ONU et, s'il y a lieu, d'organismes régionaux. Le gouvernement accordera une importance accrue au volet latino-américain de sa politique de sécurité dans le cadre d'entreprises bilatérales et de l'Organisation des États américains. Nous offrirons en outre notre assistance aux pays d'Amérique latine dans des domaines comme la formation au maintien de la paix, l'élaboration de mesures de confiance et les rapports entre civils et militaires. En Afrique, le Canada cherchera essentiellement à développer la capacité des pays de ce continent à entreprendre des missions de maintien de la paix, par le biais de contacts bilatéraux et des programmes de formation du Centre international canadien Lester B. Pearson.

Objectifs

Le gouvernement procède actuellement au renouvellement des bases de l'engagement traditionnel du Canada en matière de sécurité internationale. Le Canada continuera de participer activement à l'ONU et à l'OTAN, mais il veillera à ce que ces institutions soient réformées, afin qu'elles puissent devenir des organismes plus rapides à l'action, plus pertinents, mieux adaptés et plus efficaces. Il poursuivra par ailleurs son action au sein de la CSCE et, dans les limites des ressources disponibles, tentera d'approfondir ses relations militaires avec l'Europe centrale et orientale, l'Amérique latine, la région Asie-Pacifique et l'Afrique.

Par suite de l'expansion spectaculaire qu'ont prise les opérations de l'ONU, tant du point de vue de leur nombre que de leur portée, le Canada se trouve aujourd'hui confronté à des choix difficiles. Notre situation financière nous forcera à être plus sélectifs dans nos engagements. D'autre part, il faudra que les Canadiens acceptent le fait que certaines missions présentent des risques considérables. En optant pour une force polyvalente et apte au combat, néanmoins, le Canada restera en mesure d'apporter une contribution véritable et utile à la paix et à la sécurité internationales, aussi bien dans le cadre de l'ONU que de l'OTAN ou d'éventuelles coalitions de pays partageant les mêmes points de vue.

Les Forces canadiennes auront plus particulièrement pour mission :

- de prêter leur concours au ministère des Affaires étrangères et du Commerce international afin de lui permettre de protéger les ressortissants canadiens se trouvant dans des régions menacées par un conflit imminent et, au besoin, de les évacuer;

- de prendre part à des opérations multilatérales, sous les auspices de l'ONU, partout dans le monde, ou en vue de défendre des États membres de l'OTAN et, pour ce faire, les Forces devront :

  - être en mesure de déployer (ou de redéployer à partir d'autres théâtres d'opérations multilatérales) un quartier général de forces opérationnelles interarmées, ainsi que, séparément ou ensemble, un ou plusieurs des éléments suivants :

    - un groupe opérationnel naval composé d'un maximum de quatre combattants (destroyers, frégates ou sous-marins) et d'un navire de soutien, et doté d'un appui aéronaval approprié;

    - trois groupements tactiques distincts ou un groupe-brigade (formé de trois bataillons d'infanterie, d'un régiment blindé et d'un régiment d'artillerie, et doté de l'appui au combat et du soutien logistique appropriés);

    - une escadre de chasseurs avec soutien approprié;

    - un escadron d'aéronefs de transport tactique;

- pouvoir fournir :

    ■ dans un délai de trois semaines, des éléments individuels ou les éléments d'avant-garde de cette force et les soutenir aussi longtemps que cela est nécessaire dans un contexte de menace réduite;

    ■ dans un délai de trois mois, le reste des éléments de la force d'intervention;

- affecter :

    ■ un groupe bataillon d'infanterie soit en réserve de l'ONU, soit au service de la force de réaction immédiate de l'OTAN;

- et disposer de plans de mise en oeuvre de mesures visant à accroître la capacité des Forces canadiennes de tenir leurs engagements existants ou de faire face à une crise grave;

○ de remplir par ailleurs, en temps de paix, certains engagements particuliers à l'égard de l'OTAN par affectation :

    - d'un navire à la Force navale permanente dans l'Atlantique;

    - d'un navire (de manière intermittente) à la Force navale permanente en Méditerranée;

    - d'équipages et d'autres militaires au système aéroporté de détection lointaine;

    - d'environ 200 militaires à divers quartiers généraux;

    - de crédits réduits au Programme d'infrastructure; et

    - d'installations diverses à l'entraînement des forces alliées au Canada, moyennant recouvrement des coûts;

○ compte tenu des nouvelles priorités géographiques, d'élargir les contacts et échanges bilatéraux et multilatéraux avec certains de nos partenaires d'Europe centrale et orientale, de la région Asie-Pacifique, d'Amérique latine et d'Afrique, et de les axer plus particulièrement sur le maintien de la paix, les mesures de confiance et les rapports entre civils et militaires; et

○ de faire leur part en matière de vérification des accords de contrôle des armements en vigueur et de participer à l'élaboration de nouveaux accords.

Chapitre 7

MISE EN ŒUVRE DE LA POLITIQUE DE DÉFENSE

Au cours des sept dernières années, le contexte militaire canadien a énormément changé. Pendant la même période, la situation financière du pays s'est, par ailleurs, considérablement détériorée. C'est pourquoi la politique de défense ne peut s'en tenir au *statu quo*.

La politique de défense énoncée dans le présent Livre blanc est à la fois rigoureuse et réaliste, mais elle tient également compte de nos responsabilités à l'échelle mondiale. Elle nous permet de défendre nos traditions militaires essentielles et de renouveler notre engagement envers la stabilité internationale. Il s'agit là d'une évolution capitale, d'un passage d'un plan à un autre. Cette politique n'annonce, en effet, rien de moins qu'une transformation fondamentale de la façon dont les Forces canadiennes et le ministère de la Défense nationale mèneront leurs opérations et géreront leurs affaires à l'avenir.

Pour fixer cette nouvelle orientation, le gouvernement a dû faire des choix difficiles. La plupart des secteurs de la défense (personnel, infrastructure, équipement, instruction, opérations) subiront des réductions plus profondes pour certains que pour d'autres. Ainsi, la proportion relative des effectifs maritimes, terrestres et aériens qui a prévalu pendant de nombreuses années sera modifiée essentiellement pour que des ressources puissent être transférées là où le besoin s'en fait le plus sentir, à savoir principalement aux éléments terrestres de combat et d'appui, du fait de l'importance accrue des opérations multilatérales, et tout particulièrement des missions de maintien de la paix et de rétablissement de la stabilité.

Conserver leurs capacités essentielles aux Forces canadiennes en période de restrictions financières est un défi de taille. Le programme de défense a donc été revu de fond en comble, de manière à ne laisser subsister que les priorités essentielles. Tout a été rationalisé et passé au peigne fin. En particulier, une réduction importante des quartiers généraux et des activités de soutien permettra de consacrer plus de ressources aux forces de combat en limitant les frais généraux d'administration. Ainsi, les Forces canadiennes seront bien menées, bien entraînées et bien équipées pour accomplir les missions que leur confie le gouvernement.

Gestion, commandement et contrôle

Réduction du Quartier générale de la Défense nationale et des quartiers généraux subalternes. La structure du Ministère et des Forces canadiennes repose sur des fondations essentiellement solides et adaptées aux défis à relever. Elle peut cependant être encore rationalisée. Le ministère de la Défense nationale et les Forces canadiennes continueront notamment d'améliorer leur gestion des ressources par le biais d'initiatives telles que «Défense 2000». Celle-ci a pour but de garantir une utilisation optimale des ressources à tous les paliers par délégation des pouvoirs décisionnels, «responsabilisation» du personnel, élimination de la «paperasse» et des chevauchements de fonctions et promotion de l'innovation. D'ici à 1999, le Ministère et les Forces réduiront ainsi les effectifs et les ressources des quartiers généraux d'au moins un tiers.

Quartier général intégré. Le Quartier général intégré de la Défense nationale a été créé voici plus de vingt ans. Son existence favorise des rapports étroits entre militaires et civils et permet la mise en commun d'un large éventail de connaissances, de compétences et de perceptions qui contribuent toutes à une gestion plus ciblée, plus cohérente et plus efficace. Au niveau stratégique, l'activité militaire est indissociablement liée à des considérations d'ordre social et économique, et influencée par des impératifs d'ordre politique. Ces liens ont été très clairement démontrés durant la guerre du Golfe et la crise d'Oka. Les circonstances ont, en effet, exigé que soient conciliées de manière quasi immédiate les priorités internationales, militaires et financières, ainsi que les préoccupations du public et du Cabinet, et que soient faits des choix prudents. Il est, d'autre part, indispensable qu'existe un quartier général susceptible de s'adapter à toutes les situations si nous voulons continuer d'assumer un rôle très actif dans les missions de maintien de la paix et les autres opérations multilatérales. Le gouvernement n'a donc *a priori* aucune bonne raison particulière de revenir sur le principe de l'intégration des civils et des militaires au Quartier général de la Défense nationale.

Commandement et contrôle. La structure de commandement et de contrôle des Forces canadiennes a fait la preuve de sa capacité de réponse aux besoins et d'adaptation aux circonstances. Elle absorbe, cependant, une trop grande part des ressources allouées à la défense. Dans l'esprit des recommandations du Comité mixte spécial sur la politique de défense du Canada, une nouvelle structure de commandement et de contrôle sera mise en place d'ici au milieu de 1997. Elle se fondera sur des principes de commandement et de contrôle militaires établis et elle permettra d'accroître la proportion du personnel opérationnel, améliorant ainsi le rapport «combattants/gratte-papier». Le Chef d'état-major de la Défense continuera d'exercer le commandement des opérations militaires, normalement par l'entremise d'un commandant opérationnel qu'il aura désigné, et un niveau de quartiers généraux sera éliminé.

Programme d'équipement. La nouvelle architecture de sécurité et la situation financière actuelle exigent que le ministère de la Défense nationale procède à une refonte intégrale de ses plans d'équipement. On veillera, pour commencer, à prolonger la durée du matériel lorsque cela sera rentable et prudent. On n'achètera du nouveau matériel que s'il est jugé indispensable au maintien des capacités essentielles des Forces canadiennes, et à condition qu'il soit adapté à un très large éventail de rôles. Les Forces canadiennes s'efforceront, dans toute la mesure du possible, de réduire le nombre des matériels qu'elles utilisent et d'acheter des équipements d'entretien facile. Le Ministère se dotera également de nouvelles méthodes d'acquisition et d'entretien des équipements. Le volume des projections d'acquisition sera réduit de 15 milliards de dollars au minimum, au cours des quinze prochaines années. Dans ces conditions, un grand nombre de projets actuellement inscrits dans les plans seront éliminés, réduits ou reportés.

Acquisitions. Le ministère de la Défense nationale adoptera de meilleures pratiques administratives. Afin de réduire les coûts afférents aux stocks, il faudra, par exemple, compter davantage sur les livraisons «juste à temps» pour les articles d'usage courant. Le Ministère se contentera plus souvent de technologies commerciales existantes si elles satisfont aux exigences et aux normes militaires essentielles. Les spécifications purement militaires et les modifications typiquement canadiennes ne seront retenues que lorsqu'elles seront jugées absolument indispensables. Le Ministère intensifiera en outre son partenariat avec le secteur privé. Ainsi, là où les analyses coût-bénéfice pratiquées dans le privé indiqueront une possibilité d'accroître leur rentabilité, les activités de soutien actuellement gérées par le Ministère seront intégralement transférées à l'industrie canadienne, ou partagées avec le secteur privé aux termes de divers accords d'association. Le Ministère poursuivra par ailleurs sa recherche de nouveaux moyens d'appui des forces opérationnelles. Le processus d'approvisionnement en matériel sera rendu beaucoup plus efficace par la consolidation et l'adoption de technologies sophistiquées. D'autres arrangements viseront aussi à moderniser et à rationaliser les méthodes d'achat, en consultation avec les ministères intéressés.

Retombées industrielles. Face à cette vague de changements, il convient de faire valoir la relation entre la politique de défense et l'industrie canadienne. De nos jours, des forces polyvalentes aptes au combat ne peuvent reposer que sur une base industrielle à la pointe de la technologie. De plus, dans tous les pays industriels avancés, il existe un lien étroit entre les budgets militaires de recherche-développement (R&D) et d'équipement et le progrès dans de nombreux secteurs de haute technologie. Au Canada, les industries de haute technologie liées au secteur de la défense, comme l'aérospatiale et l'électronique, emploient près de 60 000 personnes. Or, ces liens dépassent largement la production militaire, puisqu'ils favorisent les retombées technologiques dans des secteurs commerciaux et l'accès aux marchés internationaux. Dans un contexte de réduction des budgets d'équipement et de R&D et alors que l'on privilégie les achats de technologie existante, le défi sera de maintenir et d'améliorer les retombées industrielles des dépenses militaires encore inscrites au programme. La Défense nationale travaillera avec les ministères de l'Industrie et des Travaux publics et Service gouvernementaux afin d'harmoniser les politiques militaire et industrielle et de préserver l'essentiel de la capacité industrielle de défense. Le gouvernement s'emploiera donc à favoriser la reconversion de ses industries de défense, la croissance industrielle et la compétitivité de ses entreprises dans le cadre des accords commerciaux internationaux auxquels il est partie.

Infrastructure et soutien. Bien que le ministère de la Défense nationale ait accompli des progrès considérables dans la réduction des infrastructures de défense et de soutien, de nouvelles compressions sont à la fois nécessaires et possibles. C'est pourquoi l'on prévoit d'ores et déjà d'élargir de manière significative la rationalisation de ces infrastructures et des services de soutien prescrite par le budget fédéral de 1994 .

Études sur la défense. Le gouvernement s'accorde avec le Comité mixte spécial à considérer comme un investissement tout à fait valable le modeste programme d'aide aux universités canadiennes et aux autres institutions qui s'intéressent aux études sur la défense. Ce programme sera donc maintenu, et une chaire d'études en gestion de la défense sera instituée.

Personnel

Réduction des effectifs. Les compressions de personnel se poursuivront. Elles seront effectuées dans le bon ordre, la justice et l'équité. Le gouvernement est résolu à traiter humainement et raisonnablement les employés dont les postes sont éliminés, en collaboration avec les syndicats.

Code de discipline militaire. Le Code de discipline militaire énoncé dans la *Loi sur la défense nationale* existe depuis près de 45 ans et n'a été que très rarement amendé. Or, au cours de cette période, les critères sociaux et juridiques ont beaucoup changé au Canada. Le gouvernement souhaite, de ce fait, modifier la *Loi sur la défense nationale* afin que ses dispositions puissent être mises à jour et mieux répondre aux exigences militaires modernes. Les modifications apportées au système judiciaire militaire porteront, notamment, sur les cours martiales et la procédure dite «sommaire».

Conditions de service. Le gouvernement entend avoir davantage recours à des enrôlements renouvelables et de courte durée dans les Forces canadiennes. Les compétences et la formation requises dans l'exercice des diverses fonctions détermineront la durée des engagements. Quant aux réservistes qui participent à des missions opérationnelles, ils bénéficieront des mêmes programmes de soins postopérationnels que le personnel de la Force régulière.

Politique générale en matière de personnel. Les plans de carrière des militaires seront repensés de façon à permettre de réduire le nombre d'affectations et de mutations des membres permanents des Forces canadiennes du début à la fin de leur vie professionnelle. Il s'ensuivra un nombre moins important de réinstallations, un allégement du fardeau que représentent ces déplacements pour les militaires et leurs familles, ainsi que des économies pour le gouvernement.

Les Forces canadiennes diminueront le nombre de militaires dans certains groupes professionnels; leurs fonctions seront confiées à l'entreprise privé ou à des fonctionnaires. La nouvelle structure de commandement et de contrôle permettra de réduire le nombre des postes élevés. En particulier, la proportion d'officiers généraux et de hauts responsables civils dans l'effectif global, ainsi que celle des officiers par rapport aux sous-officiers et militaires du rang dans la Force régulière et dans la Réserve seront considérablement réduites.

Comparé au pourcentage de femmes dans les autres forces armées, celui des Forces canadiennes se situe parmi les plus élevés. On n'en redoublera pas moins d'efforts pour rendre les carrières militaires plus attrayantes pour les femmes. L'«universalité du service» reste un principe capital dans le domaine militaire. Le Ministère et les Forces veilleront cependant à ce que des perspectives d'emploi équitables continuent d'être offertes à tous les Canadiens, sans distinction de sexe, de race, d'orientation sexuelle ou de culture. La politique de «non-harcèlement» en milieu de travail sera, en particulier, rigoureusement appliquée.

Des propositions seront faites en vue d'améliorer la politique fédérale en matière de congés pour service dans la Réserve. Le gouvernement tentera, en outre, de trouver de nouveaux moyens d'encourager les autres paliers d'administration et les compagnies privées, tout particulièrement les petites entreprises, à faire de même. De plus, au moment de recruter des réservistes, les Forces canadiennes souligneront l'importance pour les réservistes d'être effectivement disponibles pour service actif.

Personnel civil. Le personnel civil est une composante à part entière de l'équipe «Défense». Des fonctionnaires hautement qualifiés contribuent largement à l'accomplissement de sa mission dans des fonctions essentielles qui vont de l'exécution de travaux spécialisés au niveau local aux services professionnels de type administratif, scientifique et universitaire. Le nombre total de ces fonctionnaires sera réduit à environ 20 000 d'ici à 1999. Ceux-ci n'en continueront pas moins de jouer des rôles-clés dans la mise en œuvre de la nouvelle politique.

Force totale

Les Forces canadiennes sont constituées d'éléments maritimes, terrestres et aériens unifiés. Leur structure repose sur le concept de Force totale qui regroupe des militaires à temps plein et à temps partiel, au sein de forces armées polyvalentes et aptes au combat. Dans cette Force totale, la composante régulière assure au gouvernement une capacité d'intervention immédiate; la Réserve, elle, est censée renforcer et soutenir les unités de la Force régulière et, dans certains cas, accomplir des tâches que cette dernière n'exécute pas, comme la lutte contre les mines en milieu marin. Le concept prévoit également un plan d'instruction et d'équipement pour la Réserve.

La mise en œuvre du concept de la Force totale a bien avancé, et de nombreux réservistes sont maintenant tout à fait prêts à assumer des fonctions de la Force régulière. En fait, ces dernières années, plusieurs milliers de réservistes ont participé à des missions difficiles au Canada et à l'étranger. La Force totale est une bonne solution pour le Canada. Pourtant, même si le gouvernement reconnaît la nécessité d'un cadre de mobilisation national, des changements s'imposent si le Canada veut disposer des forces nécessaires pour répondre à ses besoins nationaux et contribuer à des opérations multilatérales.

Mobilisation. Le nouveau contexte stratégique a forcé le gouvernement à réexaminer son approche traditionnelle des questions de mobilisation. Les plans de mobilisation doivent assurer une transition progressive et méthodique des opérations courantes en temps de paix aux opérations d'intervention pouvant nécessiter divers degrés de mobilisation, y compris la mobilisation générale. Les plans actuels seront donc révisés en fonction d'un nouveau schéma comportant quatre seuils.

- Le premier seuil de la réaction à une crise ou une situation d'urgence aurait pour but la «constitution de la force», c'est-à-dire l'ensemble des mesures nécessaires pour préparer les éléments des Forces canadiennes à entreprendre de nouvelles tâches opérationnelles et en assurer le soutien. Ces fonctions seront assumées dans les limites des ressources actuelles des Forces canadiennes et comprendront la formation et la préparation des réservistes devant renforcer la Force régulière.

- Le deuxième seuil, soit l'«amélioration de la force», aurait pour but d'accroître les capacités opérationnelles des forces existantes en y affectant d'autres ressources. On y passerait sans modifier de façon permanente ni la structure ni les rôles des Forces canadiennes, encore que la création d'unités temporaires ou d'éléments spécialisés puisse se révéler nécessaire. (C'est en gros le seuil de mobilisation atteint pendant la guerre du Golfe, en 1990, et dans le cadre des opérations actuelles de maintien de la paix.)

- Le troisième seuil, celui de l'«expansion de la force», aurait pour but d'augmenter l'effectif des Forces canadiennes, voire certains éléments du ministère de la Défense nationale, en cas de crise ou d'urgence majeure. À ce stade, il faudrait apporter des changements permanents aux rôles, aux structures et aux missions des Forces canadiennes, si ce n'est former de nouvelles unités, améliorer les installations et acquérir du matériel supplémentaire. C'est à ce niveau de mobilisation que tous les éléments des Forces canadiennes et du ministère de la Défense nationale ont subi des changements de structure et de rôle, entre 1950 et 1952, quand le Canada a mis des forces armées à la disposition de la force multinationale des Nations unies en Corée et de l'OTAN, qui venait de se former en Europe.

- Enfin, même si une guerre mondiale est fort peu probable pour l'instant, il est prudent de disposer de plans «qui ne coûtent rien», en vue d'une «mobilisation nationale» totale. L'effet de ce quatrième seuil pourrait se faire sentir dans toute la société canadienne; on n'y passerait que sur proclamation d'un «état de guerre» par le gouverneur en conseil, en vertu de la *Loi sur les mesures d'urgence*.

Nouvelle structure des forces. D'ici à 1999, l'effectif de la Force régulière sera réduit à environ 60 000 et celui de la Première réserve, à approximativement 23 000. Ces réductions, conjuguées au nouveau concept de mobilisation et à l'importance accrue des opérations multilatérales favorisant la stabilité mondiale, entraîneront un certain nombre de changements de la structure des forces. Vu la nécessité de maintenir une disponibilité opérationnelle adéquate, notamment pour participer aux missions de l'ONU ou à d'autres opérations multilatérales, l'équilibre actuel entre les membres de la Force régulière et les réservistes dans les unités opérationnelles ne convient plus. Le gouvernement, en accord avec le Comité mixte spécial, reconnaît la nécessité d'augmenter les effectifs de la force terrestre. En conséquence, la force de campagne de l'armée de terre verra ses rangs grossir de quelque 3 000 militaires de la Force régulière grâce à la réduction des quartiers généraux, qu'accompagneront la restructuration des trois éléments et la compression des effectifs de la Réserve.

Réserve. La Réserve est une institution nationale qui assure un lien essentiel entre les Forces canadiennes et la collectivité. Son rôle premier sera d'apporter renforts, durabilité et soutien aux forces déployées. Le nombre total de réservistes sera réduit, certes, mais la qualité de la Réserve et sa capacité globale de fournir aux unités de la Force totale du personnel d'appoint compétent seront grandement améliorées. Tous les éléments de la Première réserve et de la Réserve supplémentaire seront soumis à un examen approfondi, de façon à pouvoir être mieux adaptés aux nouveaux besoins et au nouveau schéma de mobilisation. Le gouvernement reconnaît que la Réserve devra s'appliquer davantage à accroître sa disponibilité et ses moyens opérationnels. Il faudra porter une attention particulière à la structure de la Milice, que l'on doit revitaliser si l'on veut que ses unités soient plus efficaces et mieux à même de contribuer à la mise en œuvre du concept de la Force totale. Il convient également d'envisager d'assigner à la Réserve un plus grand nombre des rôles de l'arrière, par exemple, dans les services médicaux et logistiques, les communications ou le transport. S'il est nécessaire d'apporter aussi des changements à la Réserve navale, à la Réserve aérienne et à la Réserve des communications, on procédera généralement de la même façon. La Réserve supplémentaire, qui se compose d'anciens militaires susceptibles de renforcer la Force régulière en cas d'urgence, sera maintenue, mais sans attribution de fonds.

Malgré leurs bons et loyaux services passés, de nombreuses unités de la Réserve se sont atrophiées ces dernières années, au point de perdre en efficacité. Leurs manèges militaires sont sous-utilisés. Le nouveau contexte stratégique et financier nous oblige, en outre, à rationaliser les organes et la répartition des grades de la Réserve. Tout sera, par ailleurs, mis en œuvre pour préserver les traditions et l'efficacité des régiments de la Réserve. Cependant, les collectivités locales devront prendre davantage de responsabilités à cet égard.

Les Rangers canadiens constituent une dimension importante de notre identité. Le gouvernement améliorera les moyens dont ils disposent pour effectuer leurs patrouilles dans l'Arctique et le long des côtes. En outre, le gouvernement augmentera modestement le soutien offert aux organisations de cadets, afin qu'elles puissent élargir le rôle qu'elles jouent dans la promotion du civisme et de l'unité nationale.

PERSONNEL OEUVRANT POUR LA DÉFENSE DU CANADA

		Force régulière	Première réserve	Civils	Total
EFFECTIFS - 1989					
	Total	88 800	26 100	36 600	151 500
EFFECTIFS - 1994					
	Total	74 900	29 400	32 500	136 800
BUDGET DE 1994 : OBJECTIF POUR 1998					
	Total	66 700	29 400	25 200	121 300
LIVRE BLANC DE 1994 : OBJECTIF POUR 1999					
	Total	60 000	23 000	20 000	103 000
RÉDUCTION					
De 1994 à 1999		14 900	6 400	12 500	33 800
changement (%)		20%	22%	38%	25%
De 1989 à 1999		28 800	3 100	16 600	48 500
changement (%)		32%	12%	45%	32%

Forces maritimes opérationnelles

Depuis la fin de la guerre froide, les forces maritimes du Canada entretiennent un potentiel de combat polyvalent pour exécuter une vaste gamme d'opérations nationales et internationales. Elles ont sensiblement réduit leurs activités de lutte anti-sous-marine visant à protéger la navigation et à contrer les sous-marins lance-missiles dans l'Atlantique Nord. Elles ont, par contre, augmenté leur participation aux opérations multilatérales et aux missions de l'ONU.

La marine sera en mesure de former un groupe opérationnel sur la côte ouest et un autre sur la côte est, à partir des unités des flottes de l'Atlantique et du Pacifique. À cette fin, et pour établir un meilleur équilibre entre nos deux océans navigables, on procède actuellement à une nouvelle répartition des bâtiments. On continuera en outre d'améliorer la collaboration et la coordination entre les diverses flottes gouvernementales.

Les forces maritimes du Canada seront convenablement équipées pour accomplir leur nouvel éventail de tâches. Un besoin urgent de nouveaux hélicoptères embarqués, robustes et performants se fait sentir. Les appareils *Sea King* arrivent, en effet, rapidement au terme de leur vie utile. Des options et des plans seront donc immédiatement définis en vue de mettre en service de nouveaux appareils à un prix abordable, d'ici à l'an 2 000.

Le Comité mixte spécial sur la politique de défense du Canada a fait valoir que les sous-marins peuvent assurer une surveillance très étendue, en profondeur comme à la surface des eaux sous juridiction canadienne; qu'ils ne nécessitent qu'un équipage peu nombreux; qu'ils opèrent en gros au tiers du coût des frégates modernes; et qu'ils s'intègrent facilement aux autres éléments des Forces canadiennes. Le Comité a également recommandé que le gouvernement considère sérieusement l'achat de 3 à 6 sous-marins diesel-électrique modernes, dans la mesure du possible, eu égard au contexte actuel de réductions militaires dans le monde et, si cela s'avérait de toute évidence rentable (c'est-à-dire abordable dans le cadre du budget actuel d'équipement). Il se trouve que le gouvernement britannique cherche à vendre quatre sous-marins conventionnels de type *Upholder* construits récemment. Le gouvernement entend explorer cette option.

La marine doit disposer de moyens d'assurer les transports de troupes, de matériel et d'approvisionnements dans le cadre d'opérations multilatérales. À cette fin, le navire de soutien *NCSM Provider* (qui devait à l'origine être rayé de la liste active en 1996) restera en service, et des plans seront mis en place en vue de remplacer cette flotte dans l'avenir. Dès 1995, la marine réceptionnera le premier des 12 navires de défense côtière modernes, dont les équipages seront principalement issus de la Réserve. Ces bâtiments devraient permettre de remédier à certaines insuffisances de la défense côtière et de la lutte contre les mines.

Forces terrestres opérationnelles

Pour les Forces canadiennes, l'importance de la mission d'appui à une campagne terrestre alliée en Europe centrale a diminué, ce qui a permis le retrait de nos forces d'Europe. Nous entretenons désormais un potentiel de combat polyvalent pour exécuter une vaste gamme d'opérations nationales et internationales.

Les forces terrestres du Canada seront suffisamment équipées pour accomplir leur nouvel éventail de tâches. Les trois groupes-brigades disposeront d'un matériel amélioré. Les plans actuels prévoient en effet l'acquisition de divers équipements modernes indispensables au maintien d'un potentiel de combat polyvalent.

Il existe, par exemple, une carence opérationnelle reconnue au niveau des véhicules blindés de transport de troupes. Leur mobilité, leur blindage et leur puissance de feu défensive doivent être adaptés aux exigences des contextes modernes dans lesquels les missions de l'ONU et d'autres opérations multilatérales sont susceptibles de se dérouler. Les Forces canadiennes prendront donc livraison de nouveaux véhicules blindés de transport de troupes à partir de 1997, auxquels viendra s'ajouter la partie du parc actuel qui doit être dotée d'un meilleur blindage. En outre, la flotte de transport de troupes blindés de type *Bison*, relativement neuve, restera en service.

Il conviendra également de remplacer les véhicules blindés d'instruction de type *Cougar*, qui servent aussi au combat rapproché et fournissent un appui feu direct dans le cadre de nos opérations de maintien de la paix et de rétablissement de la stabilité.

Forces aériennes opérationnelles

Ce n'est plus en fonction de l'ancienne menace soviétique, mais d'un ensemble plus équilibré de priorités nationales et internationales que se déterminent la planification et les opérations aériennes. L'aviation disposera d'un potentiel de combat polyvalent pour effectuer une vaste gamme d'opérations nationales et internationales, ainsi que pour appuyer nos opérations maritimes et terrestres.

Les forces aériennes du Canada seront suffisamment équipées pour accomplir leur nouvel éventail de tâches. Les hélicoptères de type *Labrador* affectés à la recherche et au sauvetage seront remplacés dès que possible. Il se peut que cette fonction puisse être exécutée par le même type d'aéronef que l'hélicoptère embarqué, mais d'autres options seront étudiées, y compris différentes formes de partenariat avec le secteur privé en matière d'entretien, voire diverses façons de financer l'acquisition de l'appareil.

Le budget alloué aux forces de chasse et à leur soutien sera comprimé d'au moins 25 p. 100, ainsi que l'a recommandé le Comité mixte spécial sur la Revue de défense au Canada. Pour atteindre ce chiffre, le Ministère procédera au retrait du service de la flotte des CF-5, à la réduction de la part des frais généraux liée aux chasseurs, à un abaissement du contingent annuel d'heures de vol et à la réduction du nombre de CF-18 opérationnels, de 72 actuellement à un total se situant entre 48 et 60. Par ailleurs, la formation initiale que les pilotes de chasse doivent recevoir pour satisfaire aux normes opérationnelles sera modifiée. L'introduction au vol à bord de chasseurs, auparavant effectuée à bord du CF-5, se fera désormais sur l'avion-école à réaction *Tutor* et le CF-18. Tous ces changements permettront de prolonger la durée de vie des CF-18 et de reporter leur remplacement bien au-delà de l'an 2 000.

La polyvalence des CF-18 sera accrue grâce à l'acquisition d'un petit nombre de munitions à guidage de précision. Grâce à ces dernières, le gouvernement disposera de moyens très précis d'appui tactique et sera en mesure de tirer le meilleur parti de ces aéronefs. Cela lui donnera de nouvelles options d'emploi de ce système d'armes sophistiqué dans des circonstances comme celles qui existent aujourd'hui lorsqu'il est important de pouvoir détruire un objectif sans normalement risquer de causer des dommages en dehors de la zone visée.

En l'absence d'offres d'achat sérieuses concernant l'*Airbus* A-310 affecté au transport des dignitaires et compte tenu des prévisions, des mesures dans la ligne des recommandations du Comité mixte spécial sur la politique de défense du Canada seront prises afin de réaffecter l'appareil au transport de troupes et de matériel.

CONCLUSION

Plusieurs années après la chute du mur de Berlin et l'effondrement de l'empire soviétique, le Canada se trouve dans un monde profondément transformé que troublent un désordre et une incertitude considérables. Les Canadiens eux-mêmes vivent et travaillent à présent dans une société aux ressources plus limitées, aux prises avec des défis nouveaux, où bon nombre des règles et certitudes de naguère n'ont plus cours. Dans ce contexte, garantir la sécurité du Canada et définir un rôle pertinent pour les forces armées s'avère plus que jamais un défi pour tous les Canadiens.

En présentant ce Livre blanc, le gouvernement s'acquitte de l'obligation qui était la sienne de proposer une politique de défense efficace et réaliste, qui reste dans les limites de nos moyens financiers. Nous avons souhaité, dès le départ, éviter de rejeter ce qui s'était fait de valable jusqu'ici au profit de solutions simplistes. Le gouvernement a préféré procéder à une revue minutieuse de la politique de défense du Canada dans tous ses aspects, de manière à pouvoir juger en connaissance de cause de la meilleure façon d'assurer la sécurité et le bien-être du pays. Nous avons centré notre approche sur des consultations publiques extensives et en profondeur, qui se sont prolongées pendant une bonne partie de 1994. Il ne fait pas de doute pour le gouvernement que la politique de défense énoncée dans le présent Livre blanc est le reflet d'un consensus au Canada.

Le Livre blanc conclut qu'il nous faut des forces maritimes, terrestres et aériennes polyvalentes et aptes au combat pour protéger les Canadiens et défendre leurs intérêts et leurs valeurs à l'étranger. Il ajoute que si l'on souhaite tirer tout le parti possible de l'œuvre de nos Forces armées, au Canada et à l'étranger, il importe de modifier leurs rôles traditionnels (protection du Canada, coopération avec les États-Unis pour la défense de l'Amérique du Nord, et participation aux missions de maintien de la paix et à d'autres opérations multilatérales) à la lumière des réalités stratégiques et financières actuelles.

Les Forces canadiennes conserveront donc les capacités nécessaires pour protéger le territoire et les abords du pays et satisfaire à nos objectifs nationaux. Étant donné que la menace militaire directe à l'endroit du continent s'est, pour l'instant, considérablement estompée, le Canada réduira le volume des ressources consacrées aux missions traditionnelles en Amérique du Nord. Il poursuivra néanmoins sa participation active aux Nations unies, à l'OTAN et à la Conférence sur la sécurité et la coopération en Europe. Il s'engagera davantage, par ailleurs, en Amérique latine et dans la région Asie-Pacifique, dans le domaine de la sécurité.

Pour atteindre ces buts, il nous faudra réduire, et réorienter la Force régulière et la Réserve, remanier le système de commandement et de contrôle et acheter un matériel à la mesure de nos moyens, afin que nos troupes puissent mener à bien leurs missions. Le ministère de la Défense nationale et les Forces canadiennes devront s'acquitter de leurs tâches de manière plus efficace, optimiser l'utilisation de leurs infrastructures et de leurs équipements et tabler au maximum sur les compétences, l'expérience et le professionnalisme des Forces armées du Canada et des employés civils de la défense. Le gouvernement s'efforcera également d'harmoniser les politiques militaire et industrielle et de préserver l'essentiel de la capacité industrielle de défense.

La nouvelle politique prend acte du fait que le budget de défense restera soumis à des pressions constantes tant que le gouvernement luttera pour juguler le déficit. Il est possible d'effectuer certaines compressions supplémentaires et elles le seront, à commencer par les réductions concernant les forces armées qu'annonce le présent document et par les compressions d'effectif parmi les employés civils du Ministère, qui suivront la fermeture et le regroupement d'un certain nombre d'installations. D'autres économies seront réalisées par élimination, réduction ou report de certains grands projets d'acquisition inscrits au programme d'équipement. Seuls quelques-uns de ces projets de ré-équipement sont encore à notre portée. Ceux-là sont en prise directe sur les nouvelles priorités de défense qu'établit le Livre blanc. L'ensemble de ces mesures aura des répercussions considérables sur le Ministère et les Forces, leurs membres, leurs employés, les collectivités locales et le secteur privé, partout au Canada.

Ainsi le présent Livre blanc donne aux militaires canadiens, hommes et femmes, ainsi qu'à leurs collègues civils, les précisions qui leur sont indispensables pour remplir leur rôle, au nom du pays, dans le monde à venir — que celui-ci soit paisible et stable, ou en proie à des conflits de plus en plus violents au sein même des États ou entre les nations. Quoi que l'avenir nous réserve, la nouvelle politique de défense permettra au Canada de faire face et, au besoin, de s'adapter pour affronter les défis à sa sécurité qui pourraient se présenter, aujourd'hui et passé l'an 2 000.

TABLE OF CONTENTS

INTRODUCTION

The past year has marked a significant turning point in the history of the Department of National Defence and the Canadian Forces. Responding to a fundamental reordering of international affairs and the need to confront important economic realities at home, the Prime Minister announced in November 1993 a comprehensive review of Canadian defence policy. In February 1994, a Special Joint Committee of the Senate and House of Commons was established to consult Canadians on all aspects of this issue. With the new defence policy outlined in this White Paper, the Government has fulfilled its commitment.

The Special Joint Committee on Canada's Defence Policy travelled across the country listening to the views of ordinary citizens, defence experts, disarmament advocates and non-governmental organizations. It sought the advice of our allies and saw at first hand the tasks performed by our forces in Canada, in support of NORAD and NATO, and on peacekeeping and humanitarian operations abroad.

Beyond the work of the Committee, the Government made a concerted effort to involve Parliament in the formulation of defence policy. During the past year, Parliament held special debates on issues such as peacekeeping and cruise missile testing, ensuring that our decisions took full account of the concerns of Canadians from across the political spectrum.

As Minister of National Defence, I conducted a personal policy review by meeting with interested groups, giving a number of speeches and interviews, and responding to many enquiries from citizens who expressed their opinions on defence issues.

I co-chaired, with my colleagues the Ministers of Foreign Affairs and of International Trade, a National Forum on Canada's International Relations. Together, we established a process that allowed the Foreign Policy Review and Defence Policy Review to proceed in harmony. I followed closely the work of the Special Joint Committee Reviewing Canada's Foreign Policy, whose recommendations have been carefully assessed in preparing this White Paper. The Prime Minister, the Minister of Foreign Affairs and I also exchanged views with our Alliance partners, both on a bilateral basis and at NATO meetings.

Within the Department of National Defence, I sought the advice of civilian officials and military commanders. Senior members of the Department and the armed forces appeared before the Special Joint Committee. In addition, Canadian Forces bases and stations across the country held open houses, informing local communities about the review of defence policy and encouraging their participation.

The Report of the Special Joint Committee played an integral role in shaping Canada's new defence policy. Virtually all its recommendations are reflected in this White Paper. In a few cases, after further examination, the Government has preferred to adopt an alternate approach, but the intent of the Committee is met. The Committee's recommendation concerning the size of the Regular Forces was judged to be inconsistent with the financial parameters within which the Department of National Defence must operate. Cuts to the defence budget deeper than those envisioned by the Committee will be required to meet the Government's deficit reduction targets.

The defence of Canada and Canadian interests and values is first and foremost a domestic concern. The primary obligation of the Department of National Defence and the Canadian Forces is to protect the country and its citizens from challenges to their security. For the men and women who defend Canada, ultimately with their lives, this entails a level of responsibility and sacrifice that far surpasses that of most other professions. In putting service before self, the Canadian Forces, drawn from all walks of life and every region of the country, exemplify the high ideals of our society and demonstrate how we can come together to solve common problems. At a time when the continued existence of the nation is being debated and national symbols take on more importance than ever, the unifying role of the Department and the Forces can only help to build a stronger, more dynamic and prosperous country.

In the final analysis, it may be said that a nation not worth defending is a nation not worth preserving.

The consensus achieved on the way ahead — an effective, realistic and affordable policy, one that calls for multi-purpose, combat-capable armed forces able to meet the challenges to Canada's security both at home and abroad — will serve to guide the work of the Department and the Forces into the next century. Together, we can take pride in a new defence policy that meets Canada's needs and fulfils our obligations, both to the nation and to our men and women in uniform.

The Honourable David Collenette, P.C., M.P.
Minister of National Defence

Chapter 1

INTERNATIONAL ENVIRONMENT

The Cold War is over. The Warsaw Pact has been disbanded and the Soviet Union no longer exists. In a few short years, we have witnessed a fundamental realignment in the global balance of power, yielding significant advances in arms control, conflict resolution and democratization. We have also seen the outbreak of localized, violent disputes, arms proliferation, as well as the often fruitless struggles of collective security organizations to cope with the challenges of the new era. Progress toward a safer world, most evident in the dramatically reduced threat of global war, is balanced by the persistence of conflict within and between states. It is impossible to predict what will emerge from the current period of transition, but it is clear that we can expect pockets of chaos and instability that will threaten international peace and security. In short, Canada faces an unpredictable and fragmented world, one in which conflict, repression and upheaval exist alongside peace, democracy and relative prosperity.

As a nation that throughout its history has done much within the context of international alliances to defend freedom and democracy, Canada continues to have a vital interest in doing its part to ensure global security, especially since Canada's economic future depends on its ability to trade freely with other nations.

RECENT PROGRESS

Global Relations. The breakup of the Soviet Union significantly reduced the threat of nuclear annihilation that faced Canada and its allies for more than 40 years. The dissolution of the Warsaw Pact and German unification marked an end to the division of Europe into hostile blocs. The Conference on Security and Cooperation in Europe (CSCE), with its broad membership and comprehensive approach to security, has become an important mechanism for upholding the principles — human rights, economic freedom and the peaceful resolution of disputes — enshrined in the November 1990 Charter of Paris. A new transatlantic and pan-Eurasian security framework is beginning to take shape, embodied in the CSCE and two of NATO's creations, the North Atlantic Cooperation Council and Partnership for Peace. Despite some notable exceptions, democracy is taking hold in Central and South America, as well as in parts of Asia, the Middle East and Africa.

Arms Control. Significant progress has been achieved in the elimination, reduction and control of various categories of weapons. The *Treaty on Conventional Forces in Europe* and follow-on agreements provide for stable, predictable and verifiable reductions of equipment and personnel on that continent. The *Open Skies Treaty*, the United Nations arms register, and confidence-building measures carried out through the Conference on Security and Cooperation in Europe have reinforced the tendency toward openness and transparency in military matters. The strategic arms reduction treaties (START I and II) and steps taken by Ukraine, Kazakhstan and Belarus in support of nuclear disarmament and non-proliferation hold the promise of deep reductions in strategic nuclear weapons. Likewise, the *Chemical Weapons Convention*, signed by 158 countries since January 1993, of which 16 have ratified, calls for the destruction of these arsenals, though much work remains before this goal can be achieved.

Other multilateral initiatives are underway to stem the production and proliferation of weapons of mass destruction and their means of delivery, including:

- efforts to secure the indefinite extension of the *Nuclear Non-Proliferation Treaty* in 1995 and conclude a *Comprehensive Test Ban Treaty*;

- stronger International Atomic Energy Agency safeguards;

- work on establishing a verification compliance regime for the 1972 *Biological and Toxin Weapons Convention*;

- the beginning, if a mandate is agreed, of negotiations on a "cut-off" convention on fissile material; and

- the expansion and strengthening of the Missile Technology Control Regime.

These efforts represent an ambitious arms control agenda that will see sustained and complex negotiations in the years ahead.

Regional Conflict Resolution. Notwithstanding frequent outbursts of violence the world over, progress has been made in resolving several protracted regional conflicts. The process of reconciliation in El Salvador culminated in the 1994 general election, mirroring the trend towards democracy and the rule of law across much of Latin America. South Africa held a country-wide election this year, ending apartheid and white minority rule. The Middle East peace process has also yielded progress, most notably Palestinian self-rule in Gaza and Jericho, an Israeli-Jordanian peace treaty, and the outline of an eventual peace agreement between Israel and Syria.

INTERNATIONAL SECURITY CONCERNS

Global Pressures

The world's population is fast approaching 6 billion, with another 90 million added to the total every year. Projections vary, but most observers believe the world will have between 8 and 12 billion people by 2050. If future generations are to enjoy the same opportunities as the current one, agricultural and energy production will have to multiply several times over. This requirement will put enormous pressure on the world's political and financial resources, over and above the severe environmental damage and depletion of natural resources that are likely to result.

UN peacekeeping and humanitarian operations are playing a critical role in responding to the immediate consequences, both direct and indirect, of global population and resource pressures. Armed forces are being called upon increasingly to ensure a safe environment for the protection of refugees, the delivery of food and medical supplies, and the provision of essential services in countries where civil society has collapsed.

At the same time, the complexity, escalating costs, and risks associated with peacekeeping in the 1990s, the financial difficulties facing the United Nations, and declining defence budgets in most industrialized countries mean that the international community cannot intervene every time these pressures reach the breaking point. Clearly, the world's ability to deal with the consequences of overpopulation, environmental degradation and resource depletion is already severely constrained and is likely to become more so in the years ahead.

Refugees. The past decade has seen exponential growth in the number of refugees. According to UN estimates, some 20 million people worldwide have been forced to flee their countries in response to war, famine, deprivation, and ethnic, clan, tribal or religious strife, often of horrific proportions. An equal number of people have been displaced within their own countries. Once uprooted, these populations risk causing further unrest in their new locations. They are often viewed as restive, even subversive, by host governments, particularly if they alter what is perceived as a favourable demographic balance within society. Large numbers of displaced persons put a heavy burden on existing infrastructure, resources and the environment, provoking resentment on the part of the local population.

'Failed States'. The breakdown of authority in certain states is another source of instability. It is characterized by chaos, violence and the inability of political leaders to provide the population with the most basic of services. In recent years, this problem has not been confined to any specific region of the world or even to countries with particularly low standards of living. Examples as diverse as Somalia, the former Yugoslavia, Rwanda and Afghanistan illustrate the extent of the problem. The international community remains heavily engaged in attempts to respond, but success in confronting challenges engendered by scarcity and war is not easily achieved.

Resurgence of Old Hatreds

Among the most difficult and immediate challenges to international security are the civil wars fuelled by ethnic, religious and political extremism that broke out in the Balkans and areas of the former Soviet Union following the collapse of communism. In recent years, rival groups have clashed in a number of these states. Other regions of the world, most notably parts of Africa and Asia, have seen the strength of fundamentalist groups grow considerably, with civil wars and other violent manifestations showing no signs of abating.

Many of these conflicts have proven relatively immune to regional or multilateral diplomacy and intervention. The task of maintaining ceasefires in the midst of civil wars is especially difficult, given the absence of coherent front lines, lack of discipline among the warring sides, civilian populations subject to horrible depredations and atrocities and, most important, a reluctance by combatants to respect such ceasefires.

Ongoing violence in the former Yugoslavia starkly underlines the dangers associated with attempts by national groups to redraw borders in an effort to create ethnically homogeneous states. The Bosnian civil war may portend similar conflicts elsewhere in the Eurasian landmass. In many regions, a patchwork of minorities live intermingled with no clear lines of demarcation between them. Competing territorial claims could raise tensions and eventually provoke hostilities. Most abhorrent is the practice of "ethnic cleansing", the ugly euphemism for outright massacres or expulsions carried out with the objective of achieving ethnic or religious purity in a given geographic area. Borders redrawn in the wake of ethnic cleansing are highly unstable, as uprooted people often seek the return of lost territory, usually through violent means.

However horrendous the impact for the local populations caught in the middle of civil wars, the absence today of adversarial relations among the world's great powers suggests that these conflicts are more likely to be contained. At the same time, Canada cannot escape the consequences of regional conflict, whether in the form of refugee flows, obstacles to trade, or damage to important principles such as the rule of law, respect for human rights and the peaceful settlement of conflicts. Even where Canada's interests are not directly engaged, the values of Canadian society lead Canadians to expect their government to respond when modern communication technologies make us real-time witnesses to violence, suffering and even genocide in many parts of the world. Thus, Canada continues to have an important stake in a peaceful and stable international system.

Proliferation

The spread of advanced weapon technologies to areas of potential conflict has emerged as another major security challenge of the 1990s. Whether sophisticated armaments are acquired abroad or produced indigenously, their introduction into volatile regions undermines stability, poses a threat to neighbouring states, defeats arms control initiatives, and complicates military planning and operations, as Canada and other members of the UN Coalition experienced first-hand during the Gulf War.

It will take nearly a decade to implement fully the strategic arms reduction treaties. Denuclearization is a demanding process, involving warhead storage and dismantlement, the removal, warehousing or elimination of dangerous substances, and silo destruction. Moreover, while Belarus, Kazakhstan and Ukraine are implementing agreements governing the return of nuclear weapons to Russia, this consolidation has not yet been completed. Russia has a solid record of central control extending over half a century, but the sheer size of its nuclear stockpile

— some 25,000 nuclear charges of all kinds scattered over more than 100 sites — makes this material vulnerable to loss or theft. It is critical that these weapons, and the fissile material from dismantled weapons, be stored under the strictest physical and inventory safeguards.

The arms trade remains lively even if the global market for weapons has shrunk. Significant overcapacity in world defence production exists despite efforts at conversion of military industries. Some states have not instituted the appropriate legislative or administrative mechanisms for controlling arms exports. For many, weapons sales constitute one of the few reliable sources of hard currency. Often, the incentive to sell outweighs concerns about the likely threat to regional or global stability. One consequence is the extensive trade in small arms, including hand-held automatic weapons, hand grenades and land mines. Indeed, men, women and children in 62 countries daily face the threat of being killed or maimed by some 85 million land mines sown at random. Another consequence is the risk that unemployed or under-employed scientists and technicians previously involved in the production of advanced systems will migrate to countries with clandestine weapons programs. Already, organized criminal elements have shown an interest in the lucrative trade in sophisticated weapons and materials.

The transfer of weapons of mass destruction and ballistic missile technologies to so-called "rogue" regimes is of particular concern. These transactions take place, albeit more slowly and with more difficulty, despite the export controls on materials and equipment put in place by countries such as Canada. This then leaves the international community little recourse other than condemnation or punishment after the fact. Similarly, the increasing prevalence of technologies with both civilian and military applications, and the globalization of production and marketing of weapon systems, makes proliferation that much harder to prevent or control, and makes it more likely that the transfer of resources, skills and technology will be irreversible.

Constraints on Policy Making

Advanced industrial states themselves face considerable uncertainty at home, which complicates their ability to cope with global security challenges. Many Western economies are still characterized by relatively high unemployment, volatile currencies, and large accumulated national debts. The trend toward globalization, exemplified by the conclusion of the Uruguay Round of the *General Agreement on Tariffs and Trade*, is balanced by an increasing preoccupation with domestic challenges. At a time of diminishing resources, little money is available to deal with the demands of post-industrial society — the need to repair obsolescent infrastructure, protect and foster a sustainable environment, care for an aging population, improve job training and reform entitlement programs — let alone military priorities in various regions of the world. Canada and most other NATO allies have seen their military budgets decline, acknowledging the fundamental changes on the world scene and the need to reduce overall government expenditures.

Under the best circumstances, predicting international trends is challenging. Given the unsettled nature of global affairs, it is impossible to foresee with any degree of certainty how international affairs will develop in the years to come. In light of the much reduced threat of global war, the world may not be as immediately dangerous today, at least for Canada, yet it is neither more peaceful nor more stable. It would, of course, be wrong to concentrate attention exclusively on extreme cases of disorder in some regions at the expense of real progress elsewhere. Yet, given recent trends, it seems prudent to plan for a world characterized in the long term by instability. Canada's defence policy must reflect the world as it is, rather than the world as we would like it to be. Under these conditions, the most appropriate response is a flexible, realistic and affordable defence policy, one that provides the means to apply military force when Canadians consider it necessary to uphold essential Canadian values and vital security interests, at home and abroad.

Chapter 2

DOMESTIC CONSIDERATIONS

Defence policy must respond not only to an uncertain and unstable world abroad, but also to challenging circumstances at home. In designing a new defence policy, the Government has sought to remain attentive to the very important domestic influences on Canada's defence posture and, in particular, to current fiscal circumstances.

The Government's broad program for political, social, and economic renewal is focused on preserving the values that make Canada one of the most fortunate countries in the world. At the present time, however, our prosperity — and with it our quality of life — is threatened by the steady growth of public sector debt.

The accumulated debt of the federal and provincial governments currently stands at approximately $750 billion; the federal government's annual debt servicing payments in 1994-95 alone will amount to $44 billion — more than the budget deficit of $39.7 billion and some 27% of the total federal budget.

This situation limits governmental freedom of action in responding to the needs of Canadians and constrains the ability of governments at all levels to deliver essential services. To deal with this problem and avert a crisis of confidence in the Canadian economy, the federal government has been cutting its expenditures. The Economic and Fiscal Update issued in October 1994 confirmed in no uncertain terms the Government's intention to meet the fiscal challenge presented by both the deficit and the debt.

Over the past several years, the need to control the federal deficit has led to significant cuts in most areas of spending, including defence. Indeed, as the accompanying chart illustrates, the defence funding assumptions contained in the 1994 budget envisaged a level of defence spending in the year 2000 that, in real terms, would be less than 60 percent of that assumed in the 1987 Defence White Paper.

In an environment of fiscal restraint, the Government must continue to constrain all expenditures, including those devoted to defence. The report of Parliament's Special Joint Committee on Canada's Defence Policy took account of this basic reality. It called for a period of relatively stable funding, but at lower levels than those set out in the 1994 budget. Although National Defence and the Canadian Forces have already made a large contribution to the national effort to reduce the deficit, the Government believes that additional cuts are both necessary and possible. The details of the Department's future funding will be set out in the upcoming budget.

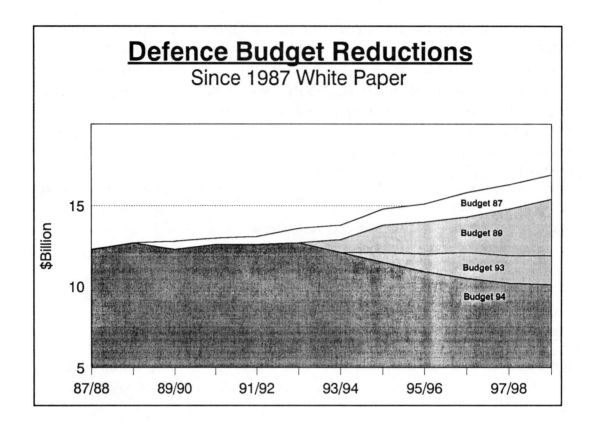

Defence Budget Reductions
Since 1987 White Paper

The Department and the Canadian Forces have absorbed past reductions in a variety of ways. Canadian defence commitments have been revised, personnel levels cut back, operations and maintenance budgets shrunk, defence infrastructure reduced, and capital programs cancelled or delayed. As a consequence of the further decline in defence expenditure that forms the fiscal context of this paper, cuts will be deeper, and there will be more reductions, cancellations, and delays. In some areas, the Department of National Defence and the Canadian Forces will do less. The Department and the Forces will also reshape the defence program and operate more efficiently to deliver the elements of the policy outlined in this White Paper.

Although fiscal considerations are a key factor in formulating an appropriate and realistic defence policy, the Department and the Canadian Forces must also take account of a variety of other domestic developments. Canadians have asked for the renewal of responsible government. They want government to show leadership in addressing a demanding political, financial, economic and social agenda. They ask it to be efficient with its use of the taxpayer's dollar: if private industry has had to restructure in light of difficult economic circumstances, government must do the same. Canadians look to government to be effective in developing innovative and constructive measures to address current and future challenges. They demand it be ethical in the style and substance of its decisions, and open in consulting Canadians on important issues.

Beyond meeting these fundamental requirements, all government departments must be mindful of other current issues. These include the need to foster a strong sense of nationhood, to promote industrial growth and international competitiveness, to protect the environment, to provide training for youth and for Canadians affected by economic restructuring, and to ensure that government adapts to demographic changes in the workforce as well as in society as a whole. Notwithstanding the unique vocation of the Department of National Defence and the Canadian Forces, the new defence policy set out in this White Paper takes account of these considerations as well.

Chapter 3

COMBAT-CAPABLE FORCES

Canada cannot dispense with the maritime, land, and air combat capabilities of modern armed forces. It is true that, at present, there is no immediate direct military threat to Canada and that today's conflicts are far from our shores. Even so, we must maintain a prudent level of military force to deal with challenges to our sovereignty in peacetime, and retain the capability to generate forces capable of contributing to the defence of our country should the need arise. Beyond this basic national requirement, were Canada to abandon the capability to participate effectively in the defence of North America, NATO-Europe allies, and victims of aggression elsewhere, we would stand to lose a significant degree of respect and influence abroad.

Canada's commitment to remain an active participant in multilateral efforts to promote collective security is a reflection of our values and interests.

- Canadians believe that the rule of law must govern relations between states.

- Canadians have deemed their own security indivisible from that of their allies.

- Canadians have a strong sense of responsibility to alleviate suffering and respond, where their efforts can make a difference.

These are the abiding foundations of Canada's commitment to collective security. They have proven their worth in the past and remain equally valid in a global environment that is increasingly interdependent.

Collective Security and the Changing Face of Peacekeeping. If we are to make a significant contribution to collective security, we must recognize that the nature of multilateral operations in support of peace and stability has changed considerably. Indeed, 'peacekeeping' operations have evolved from mainly interpositional and monitoring operations to undertakings that are far more ambitious — and pose far more challenges and risks to our personnel. Canada's traditional goals — the deterrence and reversal of aggression, the peaceful settlement of disputes, and the relief of civilian populations — remain constant. It is the context that has changed. If the Canadian Forces are to play a role in collective security, they must remain a capable fighting force.

Collective Defence. With the transformation of the strategic environment, the role of our collective defence relationships with NATO-Europe and the United States will change. It would be a mistake, however, to discount the merits of these arrangements. From a Canadian perspective, collective defence remains fundamental to our security.

- First, our allies are countries to which we are bound by political values, interests, and traditions that we have an interest in upholding and fostering.

- Second, the practical benefits of collective defence — standardized equipment and procedures, as well as the accumulated experience of joint operations — are of great value to international efforts in support of collective security.

- Third, were a serious military threat to Canada or its allies to emerge, Canada would, once again, seek its security in collective defence arrangements. It is, therefore, important that such arrangements be maintained in peacetime as it would be very difficult to revive them in a crisis.

Managing a Full Spectrum of Conflict. Over the past 80 years, more than 100,000 Canadians have died, fighting alongside our allies for common values. For us now to leave combat roles to others would mean abandoning this commitment to help defend commonly accepted principles of state behaviour. In short, by opting for a constabulary force — that is, one not designed to make a genuine contribution in combat — we would be sending a very clear message about the depth of our commitment to our allies and our values, one that would betray our history and diminish our future. Beyond this, because we cannot expect our political influence in global and regional security arrangements to be significantly out of proportion to our military contributions, we must make the required investment in our armed forces if we are to play any kind of role in shaping our common future.

The Government has concluded that the maintenance of multi-purpose, combat-capable forces is in the national interest. It is only through the maintenance of such forces that Canada will be able to retain the necessary degree of flexibility and freedom of action when it comes to the defence of its interests and the projection of its values abroad. Importantly, the maintenance of core combat capabilities forms the basis for the generation of larger forces should they ever be needed. Indeed, it is the Government's view that from the perspective of promoting our values, protecting our interests, insuring against uncertainty, or even providing value for money, an investment in forces capable only of constabulary operations would be very difficult to justify.

The challenge will be to design a defence program that will deliver capable armed forces within the limits of our resources. A country of Canada's size and means cannot, and should not, attempt to cover the entire military spectrum, but the Canadian Forces must be able to make a genuine contribution to a wide variety of domestic and international objectives.

Flexibility, Capabilities, and Choices. While the maintenance of specialized combat skills and capabilities is essential, the decision to retain combat-capable forces should not be taken to mean that Canada must possess every component of military capability. Indeed, although the Canadian Forces have, over the years, had to divest themselves of several specific capabilities — including aircraft carriers, cruisers, medium-lift helicopters, medium-range patrol

aircraft, as well as separate fleets of fighter aircraft for air defence and ground attack roles —
they have continued to meet Canada's domestic needs and make effective contributions to
international peace and security. We believe that this tendency to specialize in those multi-
purpose capabilities we have deemed essential has not undermined our ability to protect our
interests or diminished our ability to meet obligations to allies.

Canada needs armed forces that are able to operate with the modern forces maintained
by our allies and like-minded nations against a capable opponent — that is, able to fight
'alongside the best, against the best'. To maintain this general capability, we have had to make
some difficult choices. We will continue to assess the relative costs and benefits of various
capabilities in order to make trade-offs which, while difficult, will be essential if the Forces are
to contribute to a broader range of Canadian objectives. It would be misguided to invest in very
specific forces and capabilities, whether at the higher end of the scale (aircraft designed for anti-
tank warfare, for example) or at the lower end (forces limited to minimal-risk peacekeeping
operations). To opt for either approach would be to forego the capability and flexibility that are
inherent in a multi-purpose force. In short, the maintenance of multi-purpose forces represents
a pragmatic, sensible approach to defence at a time of fiscal restraint, one that will provide
government with a broad range of military options at a price consistent with the Government's
other policy and fiscal priorities.

The Government's approach to defence is to maintain the Canadian Forces as a
fundamental national resource which makes important contributions to a range of Canadian
objectives. The policy and intelligence capabilities of the Department and the Canadian Forces
will ensure that the Government has access to independent Canadian advice as the basis for
sound decisions. Beyond this, our investment in the Forces' training and equipment will yield a
capable fighting force whose skills can be applied not just to a number of specialized tasks, but
also to a variety of domestic and international objectives.

The retention of multi-purpose, combat-capable forces represents the only prudent
choice for Canada. It is only through the maintenance of the core military capabilities that
define such forces that, come what may, Canada will be able to attend to its own security needs
— both now and in the future.

Chapter 4

PROTECTION OF CANADA

Taken together, the size of our country and our small population pose unique challenges for defence planners. Our territory spans nearly 10 million square kilometres — fully 7% of the world's landmass. We are bordered by three oceans which touch upon over 240,000 kilometres of coastline. We are charged with the control of our airspace as well as the aerial approaches to Canadian territory. Beyond our coasts, Canada seeks to maintain political sovereignty and economic jurisdiction over 10 million square kilometres of ocean in the Pacific, Atlantic, and Arctic.

Our geography is not merely vast; it is also diverse and extremely demanding. It imposes significant burdens on our military personnel, their training, and their equipment. Canada's territory encompasses mountainous terrain, fjords, vast plains, rainforests, desert conditions, and the unique ecology of the Arctic. Our climate is harsh. Indeed, the economic livelihood of many Canadians is found in remote, difficult environments including three oceans, the North, and distant mines and forests.

Canadians treasure their country, which is rich in both natural beauty and natural resources. They have made it clear to successive governments that they are firmly committed to the protection of both. They are concerned about environmental well-being in general, as well as the management of specific resources, such as the forests and fisheries, which have become urgent issues over the past several years and which will require renewed vigilance and enhanced management.

Providing for the Defence of Canada and Canadian Sovereignty

Sovereignty is a vital attribute of a nation-state. For Canada, sovereignty means ensuring that, within our area of jurisdiction, Canadian law is respected and enforced. The Government is determined to see that this is so.

Some have argued that the recent dramatic changes abroad have eroded the traditional rationale for the role that the Canadian Forces play in the defence of Canada. It would be a grave mistake, however, to dismantle the capacity to defend our country. Canada should never find itself in a position where, as a consequence of past decisions, the defence of our national territory has become the responsibility of others.

Aid of the Civil Power. Throughout Canadian history, provinces have been able to call upon the armed forces to maintain or restore law and order where it is beyond the power of civil authorities to do so. Section 275 of the *National Defence Act* states that the Canadian Forces:

are liable to be called out for service in aid of the civil power in any case in which a riot or disturbance of the peace, beyond the powers of the civil authorities to suppress . . . is, in the opinion of an attorney general, considered as likely to occur.

The role of the Canadian Forces in this context is very precisely defined. When a riot or disturbance of the peace occurs or is likely to occur that is beyond the powers of the civil authorities to control, a provincial attorney general may require the Canadian Forces to be called out in Aid of the Civil Power. In this situation, the Chief of the Defence Staff determines the nature of the response. The Canadian Forces do not replace the civil power; they assist it in the maintenance of law and order.

In recent times, the use of the Canadian Forces in this role has been comparatively infrequent. Nevertheless, the crisis at Oka in 1990 served to remind us that such situations can arise. The Forces played a crucial role in defusing the crisis. They demonstrated that the ability to call upon disciplined, well-trained, and well-commanded military personnel is invaluable in providing government with an effective means to deal with potentially explosive situations.

The Canadian Forces may be called upon to assist civil authorities in situations other than Aid of the Civil Power. The Forces might, for example, be called on to counter acts of terrorism that exceed the capabilities of police forces. In addition to other military resources, the Canadian Forces maintain a special task force that provides an enhanced capability to respond to any such act immediately and effectively.

Providing Peacetime Surveillance and Control. The provision of surveillance and control is an integral part of the Forces' activities in Canada. Even at a time when there is no direct military threat to Canada, the Forces must maintain and exercise the basic navy, army, and air force skills to ensure effective control over our territory, airspace, and maritime approaches. In and of itself, maintaining the capability to field a presence anywhere where Canada maintains sovereign jurisdiction sends a clear signal that Canadians will not have their sovereignty compromised.

Responsibility for many of the Government's activities in the surveillance and control of Canadian territory, airspace, and maritime areas of jurisdiction lies with civilian agencies such as the Department of Transport. The Canadian Forces, however, make a valuable contribution to this demanding task, which often requires capabilities of greater readiness and reach than those available to civilian agencies. The capability to deploy highly trained Canadian Forces personnel and their specialized equipment anywhere in Canada at short notice also contributes to the attainment of national objectives in such areas as environmental protection, search and rescue, disaster relief, drug interdiction, and fisheries protection.

Securing Our Borders Against Illegal Activities. Canadians face an increasing challenge from those who would exploit the vast size and resources of our country for illegal activities. This applies to the illegal trade in narcotics and other contraband substances, as well as the smuggling of illegal immigrants into Canada. In supporting the activities of other government agencies, the Canadian Forces play a significant role in countering such activities.

During the renewal of the North American Aerospace Defence (NORAD) Agreement in 1991, Canada and the United States agreed to give NORAD a role in counter-narcotic monitoring and surveillance. This is an ancillary mission to which the capabilities of our maritime and land forces have also been applied, and illustrates how existing structures and capabilities can be adapted to address new problems.

Fisheries Protection. Canadians have made clear their wish to protect Canada's fisheries from illegal and highly damaging exploitation. With the dwindling of major fish stocks, the issue has become more urgent. The Canadian Forces have made an important contribution to fisheries patrols for more than 40 years. The Department of National Defence and the Department of Transport now participate in a comprehensive federal effort, led by the Department of Fisheries and Oceans. The Canadian Forces will devote a significant number of flying hours and ship days to fishery patrols. This arrangement is a good example of interdepartmental cooperation yielding an efficient use of government resources.

One of the most pressing issues in the current East Coast fishery crisis is that of predatory foreign fishing on Canada's continental shelf outside of our 200-mile exclusive fishing zone. Such fishing imperils the future of the fishery and contradicts the spirit of internationally agreed conservation measures. The Government has begun to take action against such activities. While it is the Government's policy to avoid engaging in enforcement action beyond 200 miles unless absolutely necessary to protect a vital natural resource, the Canadian Forces must be capable of taking such action.

Interdepartmental cooperation has been markedly enhanced in response to the recommendations of the Osbaldeston Report and the 1990 report of the Standing Committee on National Defence on maritime sovereignty. Secure communications have been installed, standard operating procedures have been developed, and acquisition policies are addressing the potential benefits of having common and interoperable equipment.

Environmental Surveillance. The Government has identified environmental protection as a major priority. It has emphasized the prevention of pollution and the promotion of "green" practices in its day-to-day operations. The Department of National Defence and the Canadian Forces have been at the forefront of efforts to meet these goals. Indeed, all planning and operations (and this includes allied activity in Canada) are now designed with environmental stewardship firmly in mind.

Beyond this, the Department of National Defence has concluded a memorandum of understanding with the Department of the Environment with respect to the use of the Canadian Forces in environmental surveillance and clean-up. The agreement sets out the role of the

Department and the Forces in assisting the Department of the Environment in the event of a serious environmental incident. In addition, as the Forces carry out their routine surveillance missions, they will seek to identify and report potential and actual environmental problems.

Protecting Canadians

Disaster Relief. The Canadian Forces play a key role in responding to natural and man-made disasters. Not only is the Minister of National Defence also the Minister Responsible for Emergency Preparedness, but, as part of a broader initiative to reduce the size of government, the administration of emergency preparedness planning — once carried out by a separate agency — has been absorbed by the Department of National Defence. Memoranda of understanding between the Department and other government agencies govern the coordination of resources in response to emergencies, and the Department will make an immediate and effective contribution to disaster relief.

Search and Rescue. The Department of National Defence and the Canadian Forces make a vital contribution to the maintenance and operation of Canada's search and rescue capability. While elements of this capability are provided by other federal and provincial organizations, the Canadian Forces:

- are responsible for air search and rescue;

- provide significant resources to assist the Coast Guard in marine search and rescue;

- assist local authorities in land search and rescue; and,

- operate three Rescue Coordination Centres which respond to thousands of distress signals every year.

Search and rescue represents a significant challenge for Canadian Forces personnel and their equipment. The distances involved can be enormous and the operating conditions very difficult. Nevertheless, for Canadians, safeguarding human life remains an absolute priority, and the Canadian Forces will continue to play a major role in this vital area.

Objectives

The decline in the direct military threat to Canadian territory has not eliminated an on-going role for the Canadian Forces at home. We will maintain a level of military capability sufficient to play an appropriate role in the defence of Canada. The Forces will honour the statutory requirement to respond to requests for Aid of the Civil Power. Through the assistance they provide to civil authorities, the Canadian Forces will help protect Canadian sovereignty, and carry out a wide variety of secondary roles.

The Forces will be capable of mounting effective responses to emerging situations in our maritime areas of jurisdiction, our airspace, or within our territory, including the North. Specifically, the Canadian Forces will:

- demonstrate, on a regular basis, the capability to monitor and control activity within Canada's territory, airspace, and maritime areas of jurisdiction;

- assist, on a routine basis, other government departments in achieving various other national goals in such areas as fisheries protection, drug interdiction, and environmental protection;

- be prepared to contribute to humanitarian assistance and disaster relief within 24 hours, and sustain this effort for as long as necessary;

- maintain a national search and rescue capability;

- maintain a capability to assist in mounting, at all times, an immediate and effective response to terrorist incidents; and,

- respond to requests for Aid of the Civil Power and sustain this response for as long as necessary.

Chapter 5

CANADA-UNITED STATES DEFENCE COOPERATION

The United States is Canada's most important ally and the two countries maintain a relationship that is as close, complex, and extensive as any in the world. Canada and the US are partners in the world's largest bilateral trading relationship. The undefended border between them is evidence of the common political, economic, social and cultural values Canada and the US share as advanced industrial democracies. Geography, history, trust and shared beliefs have also made the two countries partners in the defence of North America.

Evolving Security Challenges

Since 1940, when President Roosevelt and Prime Minister Mackenzie King signed the Ogdensburg Agreement, which acknowledged the indivisible nature of continental security and pledged mutual assistance in the event of hostilities, Canada-US defence cooperation has persisted through more than five decades of evolving challenges.

North America's security environment is changing again. Russia retains the bulk of the former Soviet strategic nuclear arsenal, currently numbering some 10,000 warheads. However, under the terms of the strategic arms reduction treaties (START I and II), nuclear weapons are slated for deep reductions, with the strategic warhead total on each side limited to between 3,000 and 3,500. Multiple-warhead intercontinental ballistic missiles, the most destabilizing component of US and Russian nuclear forces, are to be eliminated by 2003. As implementation of START I and II proceeds over the next decade, stability will be further enhanced.

The risk to North America posed by these weapons has diminished with the reduction in tensions, and additional security will be achieved as arms reductions go forward. Potential challenges to continental defence remain, however, especially if one looks beyond the near future. Nuclear weapons continue to occupy a central role in Russian military doctrine. The vast majority of Russia's strategic nuclear arsenal remains in place, with significant financial and environmental obstacles blocking a speedy implementation of the reductions mandated under START I and II. China also maintains strategic nuclear forces able to reach North America, and is continuing to modernize its intercontinental systems.

The proliferation of weapons of mass destruction and their means of delivery is another concern. A number of states have acquired, or are seeking to acquire, nuclear, chemical and biological weapons, as well as ballistic missile delivery capabilities.

Intercontinental threats constitute a longer-term problem. None of the nations with the potential to develop this capability is expected to possess ballistic missiles able to reach North

America until well into the next century. Yet nuclear, chemical, biological and theatre missile programs cannot be discounted in planning for future contingencies. One reason is that sophisticated delivery mechanisms are not required in the case of chemical and biological weapons. In addition, weapons of mass destruction already or may soon threaten Canada's friends and allies in Europe and elsewhere, and Canada may want to retain the option of deploying forces to areas where they could face such weaponry.

Bilateral Defence

The institutional basis of Canada-US defence cooperation provides highly valued stability in a volatile and turbulent world. As strategic and fiscal realities evolve, however, so too must our bilateral defence arrangements. Canada will continue to modify its defence relationship with the United States, consistent with the priorities of the new era.

Canada-US defence cooperation is defined by a wide range of bilateral arrangements, including formal government-to-government agreements, interdepartmental memoranda, and service-to-service understandings. These arrangements cover, among other things, joint planning and operations, combined exercises, defence production, logistics, communications, research and development, and intelligence sharing. In addition, there exist numerous bilateral fora involving regular consultations, discussions and meetings.

In examining these arrangements, the Government came to several conclusions. First, Canada-US defence cooperation continues to serve this country's fundamental interests extremely well. Second, the Government wants the Canadian Forces to maintain the ability to work closely with their US counterparts in a variety of situations. Third, even if the Government decided to reduce significantly the level of defence cooperation with the United States, Canada would still be obliged to rely on the US for help in protecting its territory and approaches — and this assistance would then come on strictly American terms, unmitigated by the influence Canada enjoys as a result of its defence partnership with the United States and with our other NATO allies. Finally, while some aspects of the relationship will remain largely unchanged, certain arrangements require updating.

Principal Arrangements

Permanent Joint Board on Defence. Created by the Ogdensburg Agreement of 1940, the Permanent Joint Board on Defence is the senior advisory body on continental security and is composed of two national sections made up of diplomatic and military representatives. Its meetings have served as a window on Canada-US defence relations for more than five decades. The Board has examined virtually every important joint defence measure undertaken since the end of the Second World War, including construction of the Distant Early Warning Line of radars, the creation of the North American Air (later Aerospace) Defence command in 1958, the bi-national operation of the underwater acoustic surveillance system and high-frequency direction finding network, and the decision to proceed with the North American Air Defence Modernization program in 1985.

In recent years, the Board has proven effective as an alternate channel of communication, one through which the resolution of difficult issues has been expedited. In particular, it has helped devise imaginative solutions to the types of problems engendered by the new global security context, such as cost-sharing in an era of declining budgets. The Government believes that the Board will remain a valuable forum where national interests are articulated and where frank exchanges on current issues allow discussion of the full spectrum of security and defence issues facing our two countries.

Military Cooperation Committee. Established in 1945, the Military Cooperation Committee has served as a vehicle for combined military planning for the defence of North America. Its first task was the revision of the wartime Canada-United States Defence Plan. Over the years, this plan has evolved into the Canada-US Basic Security Plan, which provides for the coordinated use of both countries' sea, land and air forces in the event of hostilities. Today, the Military Cooperation Committee acts as a direct link between national military staffs.

As part of the Basic Security Plan, Canada has traditionally assigned forces already tasked for a variety of other missions to the defence of the continent. In the new emerging North American security environment, these forces will now consist of:

- a joint task force headquarters;

- a maritime task group on each coast;

- a brigade group with associated support elements;

- two squadrons of fighter aircraft; and

- a squadron of transport aircraft.

Cooperation on Land. Cooperation between the land forces of Canada and the United States is focused on training. A 1968 Exchange of Notes sets out principles and procedures related to the cross-border movement of troops, enabling land force units from one country to have ready access to training facilities of the other. Additional agreements govern the temporary exchange of small land force units for training purposes, and to oversee bilateral training initiatives and exercises, such as those arranged within the context of the America-Britain-Canada-Australia Armies program.

Cooperation at Sea. The maritime dimension of Canada-US cooperation in the defence of North America involves the surveillance and control of vast ocean areas on both coasts and in the Arctic. This mission is carried out in close partnership with the United States Navy and Coast Guard, and includes planning, operations and logistic support.

Bilateral exercises at sea are held regularly, offering an opportunity to evaluate defence plans, improve operational standards, and enhance the ability of Canadian and US forces to work together. The two countries share surveillance data, as they have done for many years, supported by the joint operation of facilities such as the Canadian Forces Integrated Undersea Surveillance System, which recently opened in Halifax. Exchange of information and services also takes place in support of search-and-rescue and anti-narcotics operations.

Both countries benefit from agreements involving the exchange of fuel and materiel between ships at sea, the shared use of test and evaluation ranges, and support provided during ship visits. Canada's maritime forces have significantly expanded their close cooperation with the United States Navy off North America's Pacific coast. Finally, Canadian and US maritime forces have cooperated in recent years to provide humanitarian relief to areas devastated by natural disasters, as in the aftermath of Hurricane Andrew in 1992.

North American Aerospace Defence Agreement (NORAD). The NORAD agreement formalized over a decade of *ad hoc* Canada-US cooperation on continental air defence which began shortly after the Second World War. Under the agreement, an integrated headquarters assumed operational control over forces made available for air defence. Since then, NORAD has evolved to meet the challenges to North America posed by changing weapons technologies.

In today's changed geostrategic circumstances, Canada will maintain aerospace surveillance, missile warning, and air defence capabilities at a significantly reduced level. The Government believes it is prudent to preserve the ability of Canada and the US to regenerate forces should a strategic threat to the continent arise in the future — in effect, maintain a modicum of equipment, infrastructure and expertise — while reducing operating levels to those required for current peacetime activities.

The North Warning System of radars and forward operating locations will be maintained at a reduced level of readiness. Upon completion, the cost of operating and maintaining the system on an annual basis will be significantly lower. It will retain, however, the capability to conduct higher levels of surveillance and control operations at full readiness should the need arise.

In the coming months, formal negotiations will begin on the renewal of the NORAD agreement, the current extension of which expires in 1996. Canada will seek to preserve the benefits of this longstanding cooperation on aerospace defence matters. The Government will examine closely those areas which may require updating in accordance with evolving challenges to continental security. Canada will work towards an agreement that furthers our national interest and meets our defence needs, now and into the 21st century.

Canada-United States Test and Evaluation Program. In 1983, the Canada-US Test and Evaluation Program was established as an umbrella agreement allowing the US military access to Canadian test facilities. Over the past decade, sonobuoy technology, anti-armour munitions, upgrade packages for the F/A-18 fighter aircraft and, most notably, unarmed cruise missiles have undergone testing in Canada. In February 1993, the program was renegotiated and renewed for a 10-year period. Under the terms of this agreement, Canada has reciprocal access to US testing facilities. In addition, each country has agreed to charge only incremental costs — those related to the conduct of a specific test at the facility, rather than the expenses related to the operation of the entire facility — thereby reducing significantly the cost of Canadian testing, evaluation and certification carried out in the United States.

The Government considers the Test and Evaluation Program an integral component of our bilateral defence relationship. The agreement allows us to test in a cost-efficient manner a variety of key Canadian systems in the United States. In turn, we allow the US to test certain systems deemed essential to continental and global security, subject to approval on a case-by-case basis. The agreement is also very flexible, allowing easy adaptation to changing circumstances. Earlier this year, both Governments announced the end of cruise missile testing in Canadian airspace.

Defence Production/Defence Development Sharing Arrangements. Another aspect of Canada-US defence cooperation consists of an extensive network of defence production, research, and development arrangements. Signed in 1956, the Defence Production Sharing Arrangement has allowed Canadian firms to compete on an equal footing with their American counterparts in the US market. Since 1963, the Defence Development Sharing Arrangement has assisted Canadian firms in developing goods for use by the US military. These arrangements rest on the principle that, given the interdependent nature of North American defence, both countries benefit from the economies of scale arising from specialization.

Canada has long recognized that its own defence market is too small to support a defence industrial base which can meet all the requirements of the Canadian Forces. These arrangements have allowed Canada to take advantage of large-scale US production as well as demand for defence-related goods both in the United States and among our European allies. This is all the more important in an era of diminished resources and increased competition, particularly given that the Uruguay Round of multilateral trade negotiations failed to make much progress in the areas of defence procurement and research. These arrangements also allow Canadian firms to stay in touch with developing technologies and help Canada generate and sustain high-technology jobs in the defence and civilian sectors.

Looking to the Future

Space. In recent years, space has emerged as an increasingly important component of the global security environment. Space already supports the traditional military activities of the maritime, land, and air forces, including command, control and communications, intelligence gathering, surveillance, navigation, mapping, meteorological services and arms control verification. With the advent of missile warfare, the role of space in protecting the modern state has taken on added significance.

Looking ahead, the possibility of developing a space-based surveillance system for North America in the next century will be explored, subject to a variety of military, financial and technological considerations.

Missile Warning and Defence. Canada supports ongoing discussions with the United States, NATO allies, and other partners on the possible expansion beyond North America of the missile warning function currently discharged by NORAD, whose value was demonstrated during the Gulf War.

The Government has followed with interest the evolution of US defence policy and strategy in recent years toward an emphasis on ground- and sea-based theatre missile defence systems. Canada welcomes the decision by the American government to adhere to the strict interpretation of the 1972 *Anti-Ballistic Missile Treaty*. Indeed, we see a strong commitment on the part of the United States to developing a missile defence posture that enhances global stability and is consistent with existing arms control agreements.

For now, Canada is interested in gaining a better understanding of missile defence through research and in consultation with like-minded nations. In the future, Canada's potential role in ballistic missile defence will not be determined in isolation, but in conjunction with the evolution of North American and possible NATO-wide aerospace defence arrangements. Canadian involvement in ballistic missile defence would also have to be cost-effective and affordable, make an unambiguous contribution to Canada's defence needs, and build on missions the Forces already perform, such as surveillance and communications.

Objectives

For more than five decades, Canada and the United States have cooperated in the defence of North America and in support of international peace and stability. The benefits of continuing this relationship are as valid today as ever before. First, Canada gains inestimable training and operational experience applicable not only to North America, but also to UN and other multilateral missions abroad. Second, Canada retains an influential voice in US defence policy formulation in areas where our security interests are directly involved. Third, Canada obtains access to significant defence-related information that would not otherwise be available. Fourth, Canadian companies benefit from access to important technologies and the large US defence market.

As circumstances have evolved over the years, so too have Canada-US defence relations, taking account of new strategic and fiscal realities. The turbulent nature of global affairs and the need to make the most of the limited resources available for defence are leading again to further changes. Modifications to existing bilateral arrangements and the upcoming negotiations on NORAD's renewal are important elements of this process. Meanwhile, Canada will continue to rely on the stability and flexibility its relationship with the United States provides to help meet this country's defence requirements in North America and beyond.

To this end, the Department and the Forces will:

■ maintain the ability to operate effectively at sea, on land, and in the air with the military forces of the United States in defending the northern half of the Western hemisphere;

■ begin formal negotiations with the United States on the renewal of the NORAD agreement that expires in 1996, ensuring that its provisions reflect North American aerospace defence priorities;

■ as part of a renewed NORAD agreement, cooperate in:

 • the surveillance and control of North American airspace;

 • the collection, processing and dissemination of missile warning information within North America; and

 • the examination of ballistic missile defence options focused on research and building on Canada's existing capabilities in communications and surveillance; and

■ maintain Canada's participation in the Canada-US Test and Evaluation Program, the Defence Production and Development Sharing Arrangements, and other existing bilateral arrangements.

Chapter 6

CONTRIBUTING TO INTERNATIONAL SECURITY

Canadians are internationalist and not isolationist by nature. We uphold a proud heritage of service abroad. We take pride in Lester B. Pearson's Nobel Prize for Peace not simply because it did a great Canadian considerable honour, but because it was a reflection of our evolving international personality. More than 30 years later, Canadians could once again take pride in their contribution to peace as the Nobel Peace Prize was awarded in recognition of the work of peacekeeping personnel. Multilateral security cooperation is not merely a Canadian tradition; it is the expression of Canadian values in the international sphere. We care about the course of events abroad, and we are willing to work with other countries to improve the lot of all manner of peoples.

Canadians are not blind to the lessons of history. Although they recognize that states will want to devote resources to pressing domestic concerns, their experience of two world wars and the Korean conflict has made them wary of the peacetime temptation to believe that their security is assured — particularly when based on wishful predictions about the future. Canada's experience has also underscored the need to develop and maintain effective multilateral institutions that can address security and stability — and that can respond effectively to aggression should other measures fail.

As a reflection of the global nature of Canada's values and interests, the Canadian Forces must contribute to international security. We should continue to play an active military role in the United Nations, the North Atlantic Treaty Organization and the Conference on Security and Cooperation in Europe. We should develop our defence relationships with the nations of the Asia-Pacific region and Latin America, and contribute, where possible, to the security of the Middle East and Africa.

The complex security problems that confront the international community today defy easy solutions. Nevertheless, there is a strong desire to address these problems through multilateral institutions. This derives not only from the state of global political relations, but also from the sense that, at a time when many countries are reducing their military expenditures to devote more resources to domestic issues, multilateral cooperation represents a sound way to pool national resources and use these to the greatest benefit. Thus, now more than ever, multilateralism needs and deserves our support — not only in terms of our words and ideas, but also in terms of tangible Canadian contributions to international security and well-being.

A Canadian Perspective on Multilateral Operations

Over the past few years, the nature of multilateral operations undertaken in support of the United Nations has changed enormously. Where, in the past, these operations were comprised largely of traditional peacekeeping and observer missions, the range of operations has expanded to encompass the complete range of military activity — from preventive deployments to enforcement actions such as the Gulf War. Indeed, the broader nature of these operations has been well-noted in the 1993 report of the UN Secretary-General, *Agenda for Peace*.

As operations in support of UN objectives have evolved, there have been both successes and failures. There have been some very successful operations, such as the mission of the United Nations Transition Assistance Group, which assisted Namibia's transition to independence. The multinational operation in the Gulf in 1990-91, in response to Iraq's invasion of Kuwait, enforced economic sanctions against Iraq and, when this failed to yield Iraqi compliance with UN resolutions, restored Kuwaiti sovereignty in a brief but effective military campaign.

There have been notable disappointments as well. The UN operation in Somalia began as a worthy and ambitious undertaking to restore order, deliver desperately needed humanitarian assistance, and facilitate national reconstruction. As the operation comes to an end, it seems clear that at least two of these three objectives have not been achieved. Similarly, UN operations in the former Yugoslavia have undoubtedly saved lives, but they have also underscored the challenge presented by mission mandates that undergo constant change, and the difficulty of bringing the resources of regional organizations, such as NATO and the European Union, to bear on UN objectives. In yet other cases, such as Rwanda, the UN has been simply unable to act in a timely fashion.

Canada — which has consistently been a strong advocate of multilateralism in general, and the UN in particular — has been an active player in the recent surge of UN operations. Canada will remain a strong advocate of multilateral security institutions. We also believe, however, that the objectives and conduct of multilateral missions in support of peace and stability must reflect a clear sense of perspective. Some of the considerations that need to be taken into account are common to all multilateral operations. Others pertain to the involvement of specific multilateral security organizations — in particular, the UN and NATO.

General Considerations. Canada's extensive experience with multilateral operations has led us to identify certain characteristics in the purpose, design and operational conduct of a mission that enhance its prospects for success. These missions should address genuine threats to international peace and security (as, for example, in the Gulf or the former Yugoslavia) or emerging humanitarian tragedies (such as the situations in Somalia and Rwanda). They must not become ends in themselves; they must be part of a comprehensive strategy to secure long-term, realistic, and achievable solutions (such as the UN's operations in Central America).

The design of all missions should reflect certain key principles:

- There be a clear and enforceable mandate.

- There be an identifiable and commonly accepted reporting authority.

- The national composition of the force be appropriate to the mission, and there be an effective process of consultation among missions partners.

- In missions that involve both military and civilian resources, there be a recognized focus of authority, a clear and efficient division of responsibilities, and agreed operating procedures.

- With the exception of enforcement actions and operations to defend NATO member states, in missions that involve Canadian personnel, Canada's participation be accepted by all parties to the conflict.

Canada's experience — which encompasses UN, NATO, and other multilateral undertakings — also suggests that successful missions are those that respect certain essential operational considerations.

- The size, training and equipment of the force be appropriate to the purpose at hand, and remain so over the life of the mission.

- There be a defined concept of operations, an effective command and control structure, and clear rules of engagement.

The UN and NATO. Canada's experience has also shaped the Government's perspective on the respective roles to be played in multilateral operations by the two most important multilateral security institutions to which Canada belongs — the UN and NATO. Canada's ongoing participation in both organizations reflects the belief that each has a valuable contribution to make in the evolution of international peace and stability. At the same time, each organization has its own strengths, weaknesses, and limits.

Historically, the UN has only rarely been able to achieve the level of consensus required to act militarily. As a consequence, it lacks the staff and the required experience in the planning or generation of multinational forces that would enable it to make use of the military potential of its member states in the most timely and effective manner. Indeed, that the UN even has forces at its disposal is subject to the willingness of individual member states to contribute such forces at the time.

The focus of NATO has been narrower: the Alliance is dedicated to the collective defence of its member states. Its restricted membership of 16 like-minded countries has made consensus easier to achieve. As a result, it has much more experience in the design and generation of multinational forces — for defensive purposes — as well as with the planning and execution of joint operations. Moreover, the commitment to participate in the defence of an Alliance country is virtually automatic for all member states.

Canada is strongly in favour of a vigorous and effective United Nations, capable of upholding the political values and procedural means set out in its *Charter*, and believes that situations requiring international military action should be dealt with in accordance with the terms of the *Charter*. The UN's pre-eminent authority to conduct operations requiring the force of arms derives from its membership, which is nearly universal in its scope, and the terms of its *Charter*, which sets the existing ethical and legal context for relations between and, to some extent, within states.

Yet, the UN suffers from serious problems. The organization is plagued by a chronic funding crisis, owing to the failure of member states to honour their financial obligations, and the recent spate of very large, extraordinarily complex, and extremely expensive operations which have put a significant strain on its financial resources. In addition, the Security Council requires reform if it is to serve the international community adequately. Its decision-making needs to be made more transparent. Its resolutions should be more carefully drafted. Non-members of the Council — especially troop contributors — need to be consulted more systematically. In terms of the internal workings, the UN has not been able to discharge effectively its expanded post-Cold War role. Bureaucratic reform, streamlining, and cost-cutting are essential to restore its credibility.

Once the UN has determined its goals, identified the means to achieve them, and set its strategy on a given issue, it should be able to execute its decisions in a timely and effective manner. A standing UN force may provide one option to solve the UN's long-standing problems with respect to the ready availability of forces. The practical issues involved in the establishment of such a force are complex, and Canada intends to see the issue studied thoroughly. In the interim, we will, on a national basis, enhance our ability to contribute to UN operations. Within the limits of our resources, we will strive to respond expeditiously to UN requests for expertise, individual personnel, and entire field units.

Canada will also remain a strong supporter of a reformed NATO. Canada believes that NATO's reservoir of military competence and capabilities should make a greater contribution to UN operations. The Alliance will only do so, however, if its relationship with the global organization is clearly and appropriately defined and widely understood. NATO will make its most valuable contribution to multilateral operations by providing the UN with the vigorous military support that it currently lacks. In carrying out this role, the Alliance should resist the temptation to intrude on the provision of political and strategic direction for the mission; that responsibility must rest with the Security Council.

For its part, the UN needs to recognize that when it calls upon NATO to provide effective military support, the Alliance's proven chain of command and operating procedures should not be constrained by political or military guidance that is unclear, hesitant, or divisive.

Such guidance impairs NATO's operational efficiency and effectiveness, does not advance the cause of UN objectives, and ultimately diminishes the credibility of both organizations.

National Considerations. Canada must remain prepared to contribute forces to a wide range of UN and other multilateral operations. Certain international scenarios will result in a prompt Canadian response, such as the need to come to the defence of a NATO state or respond to the emergence of a comparable threat to international peace and security. Although this general commitment is clear, under more normal circumstances Canada can and must be selective if it is going to remain in a position to play a meaningful role. Canada cannot, and need not, participate in every multilateral operation. Our resources are finite. We may not agree with the purpose or organization of a given mission. We may not be convinced of its prospects for success. We may be otherwise engaged. Moreover, Canada is not obliged to take on a major portion of every operation or to contribute forces for longer than seems reasonable. Nevertheless, Canada will maintain its specialization in multilateral operations. We will commit forces to such operations if suitable resources are available, and if our personnel can be appropriately armed and properly trained to carry out the task and make a significant contribution to the success of the mission.

The Range of Choice

Canada's record of commitment to multilateral operations is unsurpassed. While the number of operations in which Canadian Forces personnel have been involved is striking, what is equally important is that these operations have encompassed almost the complete spectrum of military activity. Subject to the principles outlined earlier, the Government is willing to commit maritime, land, and air forces (as well as support elements) to the full range of multilateral operations, including those set out below.

Preventive Deployment of Forces. This entails the deployment of forces between parties to an imminent dispute prior to the outbreak of conflict to defuse tension, enhance confidence, and prevent minor incidents from escalating inadvertently to full-scale hostilities. The Government sees great value in these deployments, as part of a broader diplomatic strategy to resolve a dispute peacefully and prevent the outbreak of hostilities. Indeed, Canada was one of the initial participants in the very first preventive deployment of UN forces, to the Former Yugoslav Republic of Macedonia in 1993, an operation designed to lend a measure of stability to a tense part of the Balkans.

Peacekeeping and Observer Missions. These missions represent the traditional kind of 'peacekeeping', on the Golan Heights, or in Cyprus. They entail the positioning of impartial forces between the parties to a ceasefire, and involve the monitoring of agreements during the course of negotiations intended to lead to a political solution. In recent years, these operations have not enjoyed the same profile as other multilateral operations, including missions in the former Yugoslavia, Somalia, and Cambodia. Nevertheless, where there is a desire to move from a situation of armed conflict to political resolution, traditional peacekeeping missions can make a valuable contribution in assisting the transition. Canada's expertise in this field is unsurpassed, and the Government is committed to the continued participation of the Canadian Forces in such operations.

Enforcing the Will of the International Community and Defending Allies. The most ambitious operations of the past few years have used armed force, under multilateral auspices, to enforce the will of the international community — not only in cases of conflict between states, but within states as well. Recent examples of such operations have included:

- the enforcement of economic sanctions or arms embargoes;

- the use of armed forces to create secure conditions for the delivery of aid;

- the denial of air space through which hostile forces could prosecute a military campaign or attack civilian populations ('no-fly zones');

- the protection of civilian populations and refugees in 'safe areas'; and,

- the provision of deterrence or defence for a UN or NATO member state against armed attack.

The Canadian Forces have been involved in every type of operation listed above, requiring a wide range of military training and capability. Our personnel have helped enforce economic sanctions off Haiti and the former Yugoslavia. They have sought to restore order and ensure the delivery of humanitarian aid in Somalia. As part of UNPROFOR, they have done the same in Croatia, while supplementing this activity by helping to monitor the 'no-fly zone' and participating in the protection of 'safe areas' in Bosnia-Hercegovina. In 1990-91, the Canadian Forces were part of the multinational coalition that reversed Iraq's invasion of Kuwait. Finally, throughout this period, the Canadian Forces have continued to train with NATO allies to preserve the Alliance's capability to defend against armed attack.

Ethnic and religious tensions, the increasing number of 'failed states', and the persistence of inter-state conflicts over borders and resources, strongly suggest that the future nature of multilateral military operations must be multi-dimensional to address a full range of challenges. The goals of these missions — the protection of civilian populations and refugees, national reconstruction, upholding international law, and opposing aggression — are invariably unimpeachable. That does not mean, however, that they will always go smoothly or will not pose significant risks to Canadian Forces personnel — particularly in an environment where the proliferation of advanced weaponry is becoming the rule rather than the exception. Nevertheless, Canada will remain prepared to contribute forces to such operations, whether they are authorized by the UN, or as part of the efforts of regional organizations such as NATO or the CSCE.

Post-Conflict Peacebuilding. The rehabilitation of areas that have been the scene of armed conflict represents an important contribution that the training, skills, and equipment of our armed forces can make to security abroad. Past instances of such contributions include the provision of humanitarian relief supplies and the use of engineers to rebuild infrastructure and remove land mines. Following the Soviet withdrawal from Afghanistan, Canada took the additional step of training refugees to recognize and disarm land mines. These activities can make an invaluable contribution in building a more durable peace, and the Government will explore ways in which the Canadian Forces can contribute further.

Prior to taking office, the Government noted that the relationship between the military and civilian aspects of the new multilateral missions was an area that needed to be explored. The Government will build upon the excellent progress that has already been made. Our accumulated experience with such military-civilian coordination from missions in Ethiopia, Somalia, and Rwanda suggests that armed forces have a critical role to play at the outset of these missions in the establishment of a secure environment and the provision of basic support (such as transport, emergency medical assistance, logistics and communications). Over the long-term, however, reconstructive activities — be they the administration and enforcement of civil law, the provision of medical care, or the distribution of humanitarian aid — are best left to civilian organizations.

Measures to Enhance Stability and Build Confidence. Arms control and measures to build confidence represent an important way to prevent or limit conflict and foster stable relations between states. Over the past two years, for example, implementation of the Treaty on Conventional Forces in Europe destroyed over 7,000 tanks from the countries of the former Warsaw Pact — a total sufficient to equip 32 Soviet-style army divisions.

The ability to inspect and verify compliance remains crucial to the relative success or failure of these arrangements. The Department of National Defence and the Canadian Forces have played their part in past operations of this type and, within the limits of their resources, this will continue.

One of the most interesting and productive means to enhance stability and build confidence has been through multilateral and bilateral contacts between the civilian and military staffs of various countries. Such contacts — which may range from brief visits to full-fledged staff talks and exchanges — serve to build transparency, confidence, and trust through direct personal contact and greater familiarity with differing perceptions of defence issues as well as military culture and doctrine. The Canadian Forces have used such bilateral and multilateral contact programs to discuss a variety of questions, from defence planning to civil-military relations. Exchanges with military forces from Central and Eastern Europe and the Commonwealth of Independent States have shown great promise. The Government will now expand this program of exchanges and extend its scope to include other countries. To this end, we will increase substantially the budget devoted to the Military Training Assistance Program to build up contact programs with Central and Eastern Europe, the Commonwealth of Independent States, Asia, Latin America, and Africa.

Training for Multilateral Missions

The Government believes that combat training — undertaken on a national basis as well as with allies — remains the best foundation for the participation of the Canadian Forces in multilateral missions. In situations short of war, such training equips Canadian Forces personnel with the complete range of skills that may be needed to meet the varied demands of the unexpected situations they will encounter.

Canada will support and contribute to the enhancement of peacekeeping training.

- Recent experiences in UN operations have confirmed the value of cultural sensitivity, international humanitarian law, and dispute resolution training prior to deployment. Such training has always formed part of the preparation for Canadian peacekeepers sent abroad; it will be further enhanced.

- The Government has assisted in the establishment and funding of the Lester B. Pearson Canadian International Peacekeeping Training Centre at Cornwallis, Nova Scotia, under the auspices of the Canadian Institute of Strategic Studies. The Department will sponsor peacekeeping training at the Centre for military personnel from countries participating in NATO's Partnership for Peace and developing countries under the Military Training Assistance Program.

Organizations and Commitments

Strengthening the United Nations. Canada — which has unfailingly lent its political and financial support to the United Nations — remains committed to UN reform. In the security sphere, Canada brings superbly qualified personnel, significant military capabilities, and a great deal of experience to UN operations. Other countries look to Canada for leadership. In addition to its solid record in the financial support of UN operations, Canada has already taken the lead in providing UN headquarters with military expertise to improve its planning and operational capabilities. Canada will continue to advocate that funding arrangements for UN operations be improved. We will also work toward the further enhancement of the UN's command and control system, as well as the development of its administrative and logistics capabilities.

Where the participation of the Canadian Forces in UN peacekeeping operations was once subject to a numerical 'ceiling' or planning figure of 2000 personnel, our recent experiences suggest that we would be better served by a more flexible approach. As a matter of general principle, the Canadian Forces will remain prepared to deploy on UN operations contingency forces of up to a maritime task group, a brigade group plus an infantry battalion group, a wing of fighter aircraft, and a squadron of tactical transport aircraft. Were these forces to be deployed simultaneously, this could conceivably involve in the order of 10,000 military personnel.

Within this upper limit, Canada will increase its commitment of stand-by forces to the UN from a battalion, an air transport element, and a communications element to the vanguard component of its contingency forces — that is, two ships (one on each coast), one battle group, one infantry battalion group, one squadron of fighter aircraft, a flight of tactical transport aircraft, a communications element, and a headquarters element. If deployed simultaneously, this would represent a commitment of 4,000 personnel, which could then be sustained indefinitely.

The Forces will also remain prepared to deploy, for limited periods, selected specialized elements of the Canadian Forces — medical personnel, transport and signals units, and engineers — in humanitarian relief roles. Other Canadian contributions, such as the provision of observers and technical specialists will be undertaken as feasible.

NATO: Participation and Reform. Canada will remain a full and active member of NATO. The monolithic threat to Western Europe has disappeared and, for now, the principal responsibility for European defence must lie with the Europeans themselves. At the same time, the Government values the transatlantic link that NATO provides, and recognizes that, since 1990, the Alliance has made progress in adapting to a post-Cold War world. Those aspects that reflect a cooperative approach to European security relations, including the creation of the North Atlantic Cooperation Council (NACC), Partnership for Peace, and the development of the Combined Joint Task Force concept, are especially notable.

Canada will press for additional change. The Alliance's fundamental and primary role is to provide for the collective defence of its member states. NATO can, however, make a greater contribution to collective and cooperative security than is currently the case, and the Government will work toward striking an appropriate balance between the Alliance's traditional mission and its newer roles.

Canada will be an active participant in the Alliance's ongoing efforts to reach out to the countries of Central Europe as well as to those of the Commonwealth of Independent States. We give our full support to NATO expansion, but continue to believe that this question must be addressed very carefully — certainly, the process must not exacerbate Russian fears of encirclement or exclusion. Canada will participate in multilateral and bilateral programs that aim to integrate gradually our NACC partners into an effective security order for the Northern Hemisphere.

Finally, Canada will insist that the Alliance become a more efficient organization, in terms of its budgets and operating costs — in the same way that national defence departments in all member states have had to adjust to fiscal restraint. In particular, we will propose that NATO's large and costly bureaucracy be reduced, and that the military budget be spent on activities that are relevant to the new environment.

The Government's perspective on NATO underpins the future of Canada's Alliance commitments. In the event of a crisis or war in Europe, the contingency forces that Canada will maintain for all multilateral operations would immediately be made available to NATO. Should it prove necessary, Canada would mobilize further national resources to provide the additional forces required to fulfil Canada's commitment to the Alliance as set out under Article 5 of the *North Atlantic Treaty*.

Apart from this general commitment to contribute forces to the defence of Alliance territory, Canada will maintain a number of specific peacetime NATO commitments. Set within the context of Canada's earlier slate of Alliance commitments, there are three important changes.

First, Canada will terminate its commitment to maintain a battalion group to serve with Allied Command Europe's Mobile Force (Land) or the NATO Composite Force in the defence of northern Norway. The evolution of European security and of NATO's strategic posture suggests that this battalion group could make a more useful contribution to a NATO force designed to deploy rapidly anywhere within Alliance territory, including Norway. As a result, we would be willing to contribute an infantry battalion group to NATO's Immediate Reaction Force. The battalion group's equipment, which is currently prepositioned in Norway and is particularly well-suited to northern operations, will be returned to Canada to help offset the needs of larger Regular Land Force combat units and the Militia.

Second, Canada will supplement its contribution to NATO's Standing Naval Force Atlantic with the assignment, on an occasional basis, of one ship to NATO's Standing Naval Force Mediterranean. This initiative will further extend the benefits that our naval personnel gain from operating with allied navies, and is in keeping with NATO's broader geographic focus.

Third, Canada has been a major net contributor to the NATO Infrastructure Program. This program once provided a cost-efficient way to pool funds from the Alliance countries to construct infrastructure for collective defence. In light of changes in the European security environment, the full post-war recovery of Western Europe's economy, and the need to address cooperative security needs in Central and Eastern Europe, Canada will scale back its contribution to this program and devote some of these funds to the expansion of our bilateral contact programs with Central and Eastern Europe under the Military Training Assistance Program.

A Continuing Role in the CSCE. Canada has played an active role in the Conference on Security and Cooperation in Europe (CSCE) since its inception in 1973. Our participation has included the signing of the original document (the Helsinki Final Act of 1975), the Stockholm Document on confidence-building measures in 1986, the *Treaty on Conventional Forces in Europe* in 1990, and the Vienna Documents of 1990 and 1992. Canada has also contributed forces to the European Community Monitor Mission in the Balkans (which was called for by the CSCE), and lent operational support to the CSCE mission in Nagorny-Karabakh.

The CSCE is the only organization addressing regional security concerns in Europe that includes Russia as well as virtually all the countries of Central and Eastern Europe. This gives the organization a particular role in building confidence among its members. It also opens the possibility that the organization, which has played a significant role in forestalling conflict, can also play a role in resolving conflict — a role that could include a range of peacekeeping and related operations. To the extent that the CSCE arrives at a consensus in favour of performing these functions, Canada will be prepared to support such activities within the constraints imposed by budgetary considerations and the availability of suitable resources.

The CSCE lacks an effective decision-making mechanism. Indeed, despite recent measures to upgrade its administrative machinery, it remains more a process than an organization. Yet, through encouraging transparency between its member states and regional organizations (such as NATO and the WEU), as well as the gradual development of a pan-European code of conduct, the CSCE stands to make a valuable contribution to European security over the long term. Canada will remain an active participant in this forum.

Reaching out to Asia-Pacific. Aside from its role in the Korean War, Canada's participation in Asia-Pacific security affairs since the end of the Second World War has been largely limited to the commitment of forces to various peacekeeping and observer missions (including the International Commission for Supervision and Control in Vietnam, and the United Nations Transitional Authority in Cambodia), along with participation in the 'RIMPAC' air and naval exercises with the United States, Japan, Australia, and, on occasion, other Asia-Pacific countries. As our interest in Asia has grown over the past few years, Canada has become more active in a variety of regional security initiatives — particularly through the encouragement of regional security dialogues such as the Asia Regional Forum, the Council for Security Cooperation in Asia Pacific, and the Canadian Consortium on Asia Pacific Security. All of these activities will continue, and, as our economic stake in the region grows, Canada will play a more active role in its security.

To this end, we will expand the current program of bilateral military contacts we maintain with a variety of Asian countries, including Japan, South Korea, and members of the Association of South East Asian Nations (ASEAN). These contacts are currently limited to the presence of defence attaches in selected capitals and the conduct of periodic staff talks and conferences. Our activities in the Asia-Pacific region will be broadened gradually to include a more regular program of visits and exchanges in the area of peacekeeping, including programs at the Lester B. Pearson Canadian International Peacekeeping Training Centre.

A Continuing Role in Other Regions. In addition to its role in the Gulf War, Canada has taken part in more than thirty peacekeeping, observer and humanitarian relief missions in Latin America, the Middle East, and Africa since 1947. Canada's commitment to the stability of these regions through the UN and, where appropriate, regional organizations will continue. The Government will lend greater emphasis to the Latin American dimension of our security policy, both bilaterally and through the Organization of American States. We will assist Latin American countries in such areas as peacekeeping training, confidence-building measures, and the development of civil-military relations. In Africa, Canada will encourage the development of a regional capability to undertake peacekeeping missions, both on a bilateral basis and through programs being undertaken at the Lester B. Pearson Canadian International Peacekeeping Training Centre.

Objectives

The Government is renewing Canada's traditional commitment to participate in the military dimension of international security affairs. Canada will remain an active participant in the UN and NATO, but will push for additional reform within these institutions to make them more relevant, timely, efficient, and effective. Canada will continue to participate in the CSCE, and, within the limits of available resources, more fully develop defence relations with the countries of Central and Eastern Europe, Latin America, the Asia-Pacific region, and Africa.

The dramatic expansion of UN operations — both in terms of number and scope — confronts Canada with some difficult choices. Owing to financial constraints, Canada will have to be selective in its commitments. Canadians will also have to accept that some missions will entail a considerable amount of risk. Nevertheless, by choosing to maintain a multi-purpose, combat-capable force, Canada will retain the capability to make a significant and responsible contribution to international peace and stability, within a UN framework, through NATO, or in coalitions of like-minded countries.

To this end, the Canadian Forces will:

- maintain the capability to assist the Department of Foreign Affairs and International Trade in the protection and evacuation of Canadians from areas threatened by imminent conflict;

- participate in multilateral operations anywhere in the world under UN auspices, or in the defence of a NATO member state, and, to that end,

  - be able to deploy, or redeploy from other multilateral operations, a joint task force headquarters and, as single units or in combination, one or more of the following elements:

    - a naval task group, comprised of up to four combatants (destroyers, frigates or submarines) and a support ship, with appropriate maritime air support,

- three separate battle groups or a brigade group (comprised of three infantry battalions, an armoured regiment and an artillery regiment, with appropriate combat support and combat service support),

- a wing of fighter aircraft, with appropriate support, and,

- one squadron of tactical transport aircraft;

- provide:

  - within three weeks, single elements or the vanguard components of this force and be able to sustain them indefinitely in a low-threat environment, and

  - within three months, the remaining elements of the full contingency force;

- earmark:

  - an infantry battalion group as either a stand-by force for the UN, or to serve with NATO's Immediate Reaction Force; and,

- have plans ready to institute other measures to increase the capabilities of the Canadian Forces to sustain existing commitments or to respond to a major crisis;

■ also maintain the following specific peacetime commitments to NATO:

  - one ship to serve with the Standing Naval Force Atlantic,

  - one ship to serve, on an occasional basis, with the Standing Naval Force Mediterranean,

  - aircrews and other personnel to serve in the NATO Airborne Early Warning system,

  - approximately 200 personnel to serve in various NATO headquarters,

  - participation, at a reduced level, in the NATO infrastructure program, and,

  - the opportunity for Allied forces to conduct training in Canada, on a cost-recovery basis;

■ in response to changing geographic priorities, expand bilateral and multilateral contacts and exchanges with selected partners in Central and Eastern Europe, the Asia-Pacific region, Latin America, and Africa, with a particular emphasis on peacekeeping, confidence-building measures, and civil-military relations; and,

■ support the verification of existing arms control agreements and participate in the development of future accords.

Chapter 7

IMPLEMENTING DEFENCE POLICY

Canada's military circumstances have changed enormously over the past seven years. Over the same period, the financial condition of the country has worsened considerably. For these reasons "business as usual" is no longer an acceptable approach to defence policy.

The defence policy put forward in this White Paper is hard-nosed and realistic, but also mindful of our global responsibilities. It allows us both to uphold our essential military traditions and renew our commitment to global stability. It clearly represents a major evolution — a step change in Canadian defence policy. It heralds a fundamental transformation of the way in which the Canadian Forces and the Department of National Defence will conduct their operations and do business in the coming years.

In setting this new course, the Government has had to make hard choices. Most areas of defence will be cut — staff, infrastructure, equipment, training, operations — some substantially more than others. The relative weights of the naval, land and air establishments that have prevailed for many years will be adjusted, primarily to allow for the transfer of resources to where they are most needed — mainly to land combat and combat support forces — in response to the added emphasis being placed on multilateral activities, and particularly peace and stability operations.

Maintaining the essential capabilities of the Canadian Forces at a time of fiscal restraint represents a difficult challenge. The defence program has been substantially revised to reflect only the most essential priorities. Everything is being made leaner — everything is undergoing the closest scrutiny. Major cuts in headquarters and support activities will mean more resources devoted to combat forces and less to administrative overhead. This will ensure that the Canadian Forces remain well commanded, properly trained, and adequately equipped for the missions the Government asks them to carry out.

Management, Command and Control

Reductions of National Defence Headquarters and Subordinate Headquarters. While the structural foundations of the Department and the Canadian Forces are basically sound and capable of meeting the challenge, they can be further streamlined. The Department of National Defence and the Canadian Forces will, in particular, continue to improve resource management through initiatives such as Defence 2000 to ensure the best possible use of resources at all levels of the organization. This management policy emphasizes the delegation of decision-making authority, the empowerment of personnel, the elimination of 'red tape' and overlapping functions, and the promotion of innovation. The Department and Forces will, by 1999, reduce by at least one-third the personnel and resources committed to headquarters functions.

Integrated Headquarters. The integrated National Defence Headquarters (NDHQ) has been in existence for more than 20 years. NDHQ fosters a close military-civilian relationship and brings together a wide range of knowledge, skills and perceptions, which all contribute to more focused, coherent, and efficient defence management. At the strategic level, military activity is intertwined with — and inseparable from — social and economic considerations, as well as public and policy imperatives. This was most clearly demonstrated during the Gulf War and the crisis at Oka. International, military, financial, public and Cabinet concerns had to be reconciled promptly, and prudent choices made. A responsive headquarters is also essential if we are to maintain our very active role in peacekeeping and other multilateral operations. Thus the Government can see no compelling reason that would justify reversing the civilian-military integration of National Defence Headquarters.

Command and Control. The Canadian Forces' command and control structure has proven both responsive and adaptable, but takes up too large a proportion of the resources available to defence. In response to the recommendations of the Special Joint Committee on Canada's Defence Policy, a new command and control structure will be put into place by mid-1997. It will be based on sound military command and control principles, and respond to the need to increase the proportion of operational personnel — thus increasing the "tooth-to-tail" ratio. The command of military operations will continue to be exercised by the Chief of the Defence Staff — normally through a designated operational commander — and one layer of headquarters will be eliminated.

Capital Equipment Program. The changed security environment and current fiscal circumstances demand that National Defence radically restructure plans to purchase capital equipment. The emphasis will be on extending the life of equipment wherever cost-effective and prudent. New equipment will be acquired only for purposes considered essential to maintaining core capabilities of the Canadian Forces, and will be suited to the widest range of defence roles. Wherever possible the Canadian Forces will operate fewer types of equipment than is now the case and purchase equipment that is easier to maintain. The Department will also explore innovative ways to acquire and maintain equipment. Planned acquisitions will be cut by at least 15 billion dollars over the next 15 years. As a result, a large number of projects currently in plans will be eliminated, reduced or delayed.

Procurement. The Department of National Defence will adopt better business practices — greater reliance will, for example, be placed on "just-in-time" delivery of common usage items to reduce inventory costs. The Department will increase the procurement of off-the-shelf commercial technology which meets essential military specifications and standards. Full military specifications or uniquely Canadian modifications will be adopted only where these are shown to be absolutely essential. The Department will also enhance its partnership with the private sector. Where business-case evaluations demonstrate potential for increased cost effectiveness, support activities currently conducted "in house" will be transferred completely to Canadian industry or shared with private industry under various partnership arrangements. The Department will continue to seek out new ways to support operational forces. The materiel supply system and its processes will become markedly more efficient through consolidation and the adoption of advanced technology. Further steps will also be taken to modernize and streamline the procurement process in consultation with other concerned departments.

Industrial Impact. In the midst of all these changes it is important to recognize the relationships between Canadian defence policy and Canadian industry. In today's world, multi-purpose, combat capable forces require the support of a technologically sophisticated industrial base to be effective. In addition, in all leading industrial nations there is a close linkage between expenditure on defence R&D and procurement and the growth of many high technological sectors. In Canada, almost 60,000 people are employed in high technology industries like aerospace and electronics, which are linked to defence procurement. These linkages extend far beyond the production of defence equipment to include technological spin-offs into commercial products and access to international markets. The challenge of lower R&D and capital spending and more off-the-shelf purchasing will be to maintain and improve the industrial impact of those expenditures which remain. To this end, National Defence will work with Industry Canada, as well as Public Works and Government Services Canada, towards harmonizing industrial and defence policies to maintain essential defence industrial capability. The Government will seek to foster defence conversion, overall industrial growth, and the international competitiveness of Canadian firms consistent with our international trade agreements.

Infrastructure and Support. Although National Defence has made considerable headway in reducing defence infrastructure and support, further reductions are both possible and necessary. Action is underway to extend significantly the defence infrastructure and support service rationalization mandated in the 1994 federal budget.

Defence Studies. The Government agrees with the finding of the Special Joint Committee that the modest program of assistance to Canadian universities and other institutions involved in defence studies is a highly worthwhile investment. This program will be maintained. A chair of defence management studies will also be established.

Personnel Issues

Personnel Reduction. Personnel cuts will continue. The reductions will be implemented in an orderly, fair and equitable manner. The Government is firmly committed to dealing humanely and reasonably with those of its employees whose jobs are eliminated, and to working with the unions.

Code of Service Discipline. The Code of Service Discipline, set out in the *National Defence Act,* has been in existence for almost 45 years with only limited amendments. There have been significant changes in Canadian social and legal standards during that time. The Government will amend the *National Defence Act* to update its provisions to meet modern military requirements. This will involve, in particular, amendments to the military justice system as it relates to both courts martial and summary trials.

Terms of Service. The Government will place more emphasis on renewable, short-term periods of service for members of the Canadian Forces. The period of service for engagements will depend upon the skills and training required to do the job. Reservists participating in and returning from operational assignments will benefit from the same post-operational care now available to the Regular Force.

Personnel Policy. Military career paths will be restructured to reduce the number of postings and assignments that a permanent member of the Canadian Forces can expect over a lifetime of service. This policy will result in fewer relocations, and thus ease the burden on military personnel and families, and save money for the Government.

The Canadian Forces will reduce military staff in certain occupations and trades as functions are contracted out or reassigned to civilian employees. The new command and control structure will substantially reduce the overall number of senior positions, and the ratio of general officers and senior civilian officials to overall strength, as well as the ratio of officers to non-commissioned members in the Regular Forces and the Reserves, will be significantly decreased.

The percentage of women in the Canadian Forces is among the highest of any military force in the world. Nevertheless, the commitment to making military careers more attractive to women will be reinforced. Although the need for "universality of service" in the military remains paramount, the Department and the Forces will ensure that equitable employment opportunities continue to exist for all Canadians, regardless of gender, race, sexual orientation, or culture, and will strictly enforce the policy of "zero harassment" in the work place.

Proposals for enhancing the federal government policy on reserve leave will be developed. The Government will encourage, and seek out new ways for other levels of government and private companies — particularly small businesses — to do the same. The Canadian Forces will also emphasize the importance of availability for active duty when recruiting reservists.

Civilian Workforce. The civilian workforce is an integral component of the Defence team. Highly qualified public servants play a wide variety of essential roles within the organization in support of the achievement of the defence mission, from the delivery of skilled services at local levels to the provision of professional administrative, scientific and academic services. While the overall numbers of civilian employees will be further reduced to approximately 20,000 by 1999, our civilian employees will continue to play critical roles in the effective implementation of the new policy.

Total Force

The Canadian Forces are a unified force of maritime, land and air elements. Their structure is based on a Total Force concept that integrates full- and part-time military personnel to provide multi-purpose, combat-capable armed forces. Under the Total Force concept, Regular Forces are maintained to provide the Government with a ready response capability; Reserve Forces are intended as augmentation and sustainment for Regular units, and, in some cases, for tasks that are not performed by Regular Forces — such as mine countermeasure operations. The concept also provides the framework for training and equipping the Reserves.

Progress has been made in the implementation of the Total Force concept, with many reservists now fully ready to undertake Regular Force functions. Indeed, in recent years, several thousand reservists have served in demanding missions at home and abroad. The Total Force approach is right for Canada. The Government recognizes the continuing need for a national mobilization framework; however, changes are needed to reflect Canada's requirement for ready forces if it is to be able to meet domestic needs and contribute to multilateral operations.

Mobilization. The new strategic environment has prompted the Government to reconsider the traditional approach to mobilization planning. Mobilization plans must provide for a graduated and orderly transition from routine peacetime operations to higher levels of involvement, which ultimately could include the total mobilization of the nation. Accordingly, mobilization plans will be revised on the basis of a new, four-stage framework.

- The first stage of a response to any crisis or emergency would involve "force generation"; that is, all measures needed to prepare elements of the Canadian Forces to undertake new operational tasks, and to sustain and support them. These functions will be undertaken within the existing resource framework of the Canadian Forces. They will include the training and preparation of reservists to augment the Regular Force.

- The next stage, "force enhancement", would involve the improvement of the operational capabilities of the existing forces through the allocation of more resources. It would be undertaken without permanent change in the posture or roles of the Canadian Forces, although the formation of temporary units or specialist elements could prove necessary. This level of mobilization is similar to actions taken in response to the 1990 war in the Persian Gulf and all current peacekeeping commitments.

- "Force expansion", the third stage, would involve the enlargement of the Canadian Forces — and perhaps selected elements of the Department of National Defence — to meet a major crisis or emergency. It will involve permanent changes in the roles, structures, and taskings of the Canadian Forces — and could call for the formation of new units, the enhancement of existing facilities, and the procurement of additional equipment. This stage is similar to the structural and role changes undergone by all elements of the Canadian Forces and the Department of National Defence in 1950-1952, when Canada provided armed forces to the United Nations' multinational force in Korea, and to the newly formed NATO in Europe.

- Finally, while a major global war is highly unlikely at this time, it remains prudent to have ready "no-cost" plans for total "national mobilization". This fourth step could touch upon all aspects of Canadian society and would only come into effect with the proclamation by the Governor-in-Council of a "war emergency" under the *Emergencies Act*.

Revised Force Posture. By 1999, the strength of the Regular Forces will be reduced to approximately 60,000 and the Primary Reserve to approximately 23,000. This, together with the new mobilization concept and renewed emphasis on multilateral operations in support of global stability, will dictate a number of force structure adjustments. In light of the need to maintain adequate states of readiness — to respond to UN or other multilateral taskings, for example — the current balance between regulars and reservists in operational units is no longer appropriate. The Government agrees with the Special Joint Committee that the land force must be expanded. A total of approximately 3,000 additional soldiers will be added to the army's field force. The additional resources will be provided through reductions in headquarters, restructuring of the three services, and a reduction in the size of the Reserves.

Reserves. The Reserves are a national institution and provide a vital link between the Canadian Forces and local communities. Their primary role will be the augmentation, sustainment, and support of deployed forces. While the overall number of reservists will be reduced, the quality and overall ability of the Reserves to provide the Total Force with trained personnel for unit augmentation will be significantly improved. A thorough examination of all elements of the Primary and Supplementary Reserves will be conducted with the aim of enhancing their ability to respond to new requirements and the new mobilization approach. The Government recognizes that a greater proportion of the Reserves' resources must go towards improving their operational capability and availability. In particular, the Militia structure requires attention and rejuvenation to ensure that units are more efficient and better able to contribute to the Total Force concept. Consideration will also be given to assigning more service support roles — such as medical, logistics, communications and transport functions — to the Reserves. To the extent that changes may also be required in the Naval, Air and Communications Reserves, the same general pattern will be followed. The Supplementary Reserve, comprised of former military personnel who could augment the Regular Force in an emergency, will be maintained, but will no longer be funded.

Many reserve units, despite long and honourable service, have diminished in size and effectiveness in recent years and their armouries are under-used. The new strategic and fiscal environment will require a streamlining of reserve organizations and rank structures. Every effort will be made to maintain the traditions and effectiveness of reserve regiments. However, local communities must take more responsibility to help sustain Reserve traditions and activities.

CANADIAN DEFENCE PERSONNEL

		Regular Force	Primary Reserve	Civilians	Total
STRENGTH 1989					
	Total	88,800	26,100	36,600	151,500
STRENGTH 1994					
	Total	74,900	29,400	32,500	136,800
1994 BUDGET: 1998 TARGET					
	Total	66,700	29,400	25,200	121,300
1994 WHITE PAPER: 1999 TARGET					
	Total	60,000	23,000	20,000	103,000
TOTAL REDUCTION					
1994 to 1999		14,900	6,400	12,500	33,800
% change		20%	22%	38%	25%
1989 to 1999		28,800	3,100	16,600	48,500
% change		32%	12%	45%	32%

The Canadian Rangers reflect an important dimension of Canada's national identity and the Government will enhance their capability to conduct Arctic and coastal land patrols. The Government will also modestly increase the level of support to Cadet organizations to help expand their role in building citizenship and advancing national unity.

Operational Maritime Forces

Since the end of the Cold War, Canada's maritime forces have maintained multi-purpose combat capabilities to carry out a wide variety of domestic and international operations. They have substantially reduced anti-submarine warfare activities connected with the protection of shipping and countering missile-carrying submarines in the North Atlantic, while increasing their participation in UN and multilateral operations.

The navy will be able to form a task group on the West Coast and another on the East Coast from among units of the Atlantic and Pacific fleets. To facilitate this new focus, naval ships are being re-distributed to achieve a better balance between Canada's two open-water oceans. Cooperation and co-ordination between the various government fleets will continue to be improved.

Canada's maritime forces will be adequately equipped to carry out their new array of tasks. There is an urgent need for robust and capable new shipborne helicopters. The *Sea Kings* are rapidly approaching the end of their operational life. Work will, therefore, begin immediately to identify options and plans to put into service new affordable replacement helicopters by the end of the decade.

The Special Joint Committee on Canada's Defence Policy found that submarines can conduct underwater and surface surveillance of large portions of Canada's maritime areas of responsibility, require relatively small crews, can be operated for roughly a third of the cost of a modern frigate, and work well with other elements of the Canadian Forces. It also recommended that, if it should prove possible in the current environment of military downsizing around the world to acquire three to six modern diesel-electric submarines on a basis that was demonstrably cost-effective (i.e., that could be managed within the existing capital budget), then the Government should seriously consider such an initiative. The United Kingdom is seeking to sell four recently constructed conventional submarines of the *Upholder*-class, preferably to a NATO partner. The Government intends to explore this option.

To maintain sufficient capability to sealift troops, equipment and supplies for multilateral operations, the support ship *HMCS Provider* (initially slated to be paid off in 1996) will be retained in service, and plans for the eventual replacement of the existing fleet will be considered. Starting in 1995, the navy will receive the first of 12 modern Maritime Coastal Defence Vessels (to be crewed primarily by reservists), intended to provide a coastal defence and mine countermeasure capability that has been lacking.

Operational Land Forces

The importance of the Canadian Forces' mission to support an allied land campaign in Central Europe has diminished, allowing the withdrawal of our forces from Europe. Multi-purpose combat capabilities are now maintained to carry out a wide variety of domestic and international operations.

Canada's land forces will be adequately equipped to carry out their new array of tasks. The materiel of the three brigade groups will be improved. Current plans call for the acquisition of a variety of modern equipment essential to the maintenance of a multi-purpose combat-capability.

There exists, for example, a recognized operational deficiency in the armoured personnel carrier fleet. Its mobility, protection and defensive firepower must be brought into line with the modern requirements of environments likely to be encountered in today's UN and other multilateral missions. The Canadian Forces will, therefore, acquire new armoured personnel carriers for delivery, commencing in 1997. Modernization of part of the present inventory will add other suitably armoured personnel carriers to the fleet. The relatively new *Bison* APCs will be retained in service.

The fleet of *Cougar* armoured training vehicles that are part of the army's close-combat, direct-fire capability in peace and stability operations will eventually have to be replaced.

Operational Air Forces

The focus of air planning and operations has shifted from missions driven primarily by the former Soviet threat to a more balanced set of national and international priorities. Multi-purpose combat capabilities are now maintained to execute a wide variety of domestic and international operations, as well as to provide support to maritime and land operations.

Canada's air forces will be adequately equipped to carry out their new array of tasks. The *Labrador* search and rescue helicopters will be replaced as soon as possible. While this role may be performed using the same helicopter that we acquire for the maritime role, we also intend to explore other possibilities, including different forms of partnership with the private sector for aircraft maintenance, and potentially, alternative arrangements for financing acquisition of a replacement.

Expenditures on fighter forces and support will be reduced by at least 25% as recommended by the Special Joint Committee on Canada's Defence Policy. To achieve these savings, the Department will retire the CF-5 fleet, cut the cost of fighter-related overhead, reduce the annual authorized flying rate, and cut the number of operational aircraft from 72 to between 48 and 60. The initial training of fighter pilots to operational standards will be modified, with fighter lead-in training formerly done on the CF-5 apportioned between the *Tutor* jet trainer and the CF-18. These changes will serve to prolong the life of the CF-18 fleet and delay the need to buy a replacement aircraft well into the next century.

The multi-purpose capability of the CF-18 will be enhanced through the acquisition of a small number of precision-guided munitions. This will afford the Government a very accurate close air support capability and maximize the usefulness of the aircraft. It will, in particular, provide new options for the use of this sophisticated weapons system in circumstances applicable today with ammunition so accurate as to minimize damage outside the target area.

In the absence of valid offers to buy the VIP A-310 *Airbus*, and in recognition of the future demand for strategic airlift support, it will, as recommended by the Special Joint Committee, be reconfigured for a strategic transport and air cargo role.

CONCLUSION

Several years after the fall of the Berlin Wall and the collapse of the Soviet empire, Canada finds itself in a world fundamentally transformed, characterized by considerable turbulence and uncertainty. Similarly, at home, Canadians now live and work in a society of more limited resources and new challenges, where many of the old rules and certainties have lost their validity. In these circumstances, ensuring Canada's security and defining an appropriate role for our armed forces is more than ever a challenge for all Canadians.

With this White Paper, the Government has fulfilled its obligation to provide Canadians with an effective, realistic and affordable defence policy. From the outset, our objective was not to discard sound practices in favour of simplistic solutions. Rather, the Government was committed to reviewing carefully every aspect of Canada's defence policy so that it could make reasoned judgements on how best to ensure the nation's security and well-being. At the heart of our approach were extensive and far-reaching public consultations, lasting for most of 1994. The Government believes the defence policy enunciated in this White Paper reflects a Canadian consensus.

The White Paper affirms the need to maintain multi-purpose, combat-capable sea, land and air forces that will protect Canadians and project their interests and values abroad. It also concludes that to maximize the contributions of our armed forces, their traditional roles — protecting Canada, cooperating with the United States in the defence of North America, and participating in peacekeeping and other multilateral operations elsewhere in the world — should evolve in a way that is consistent with today's strategic and fiscal realities.

The Canadian Forces will maintain core capabilities to protect the country's territory and approaches, and to further national objectives. Given that the direct military threat to the continent is greatly diminished at present, Canada will reduce the level of resources devoted to traditional missions in North America. It will, however, remain actively engaged in the United Nations, NATO, and the Conference on Security and Cooperation in Europe. It will become more actively involved in security issues in Latin America and the Asia-Pacific region.

To achieve these goals, the Regular and Reserve Forces will both be reduced and refocused, the command and control system will be reorganized, and affordable equipment will be purchased so our troops have the means to carry out their missions. The Department of National Defence and the Canadian Forces will operate more efficiently, making optimum use of infrastructure and equipment, and ensuring full value is derived from the skills, experience and professionalism of Canada's armed forces and civilian defence employees. The Government will also work towards harmonizing industrial and defence policies to maintain essential defence industrial capabilities.

This policy recognizes that the defence budget will be under continuing pressure as the Government strives to bring the deficit under control. More reductions can and will be accommodated, including the military reductions outlined in this Paper and cuts in the Department's civilian workforce arising from a number of additional facilities closures and consolidations. Further savings will be achieved through the elimination, reduction or delay of major acquisition projects currently included in the capital program. Only a few major re-equipment programs remain affordable, and these will directly support the new defence priorities identified in the White Paper. Taken together, these measures will have substantial implications for the Department and the Forces, their members and employees, as well as for local communities and the private sector across Canada.

This White Paper provides Canada's men and women in uniform and their civilian colleagues the direction they require to carry out their duties on behalf of the nation, whether the world of the future is a peaceful and stable one, or is plagued by increasing violence within and among states. Indeed, whatever the future brings, the new defence policy will enable Canada to respond and adjust as necessary to deal with the range of challenges to our security that could arise, now and into the next century.